QUESTIONNAIRE

RÉSUMÉ ET SUPPLÉMENT

DROIT ADMINISTRATIF

QUESTIONNAIRE

RÉSUMÉ ET SUPPLÉMENT

PAR

M. CHANTAGREL.

Répétiteur en Droit.

PARIS

J. MASSON, ÉDITEUR,

26, RUE DE L'ANCIENNE-COMÉDIE.

1859

PRÉFACE.

Ce petit livre est divisé en deux parties : la première est un Questionnaire correspondant à tous les numéros d'ordre de mon livre intitulé *Droit administratif*; la seconde comprend le Résumé du même ouvrage et quelques détails supplémentaires.

Le questionnaire permet à l'étudiant, en s'interrogeant lui-même, de s'assurer s'il est en état de se présenter à l'examen avec toutes les chances désirables de succès.

Le Résumé n'est pas fait pour remplacer, au besoin, le livre qu'il résume; il n'en est que l'auxiliaire très-utile. Après avoir étudié les détails, on le lira pour grouper les souvenirs et les fixer.

PREMIÈRE PARTIE.

AUTORITÉS ADMINISTRATIVES.

QUESTIONNAIRE.

TITRE PRÉLIMINAIRE.

1 Faites connaître la division des pouvoirs.

2 Q. le Droit administratif?

3 Comment peut-on diviser l'étude du droit administratif?

4 Que faut-il entendre par *matières adminis-tratives*?

Comment peut-on diviser l'administration?

5 Comment divisez-vous les agents?

Quels sont les agents directs?

6 Faites connaître les conseils.

7 Faites connaître les tribunaux administratifs.

8 Existe-t-il une démarcation bien tranchée entre les agents, les conseils et les tribunaux?

9 Quels sont les agents du pouvoir central?
Quels sont les agents du pouvoir départemental?

TITRE PREMIER.

L'Empereur. (Page 5.)

1 Comment divisez-vous les attributions de
l'Empereur?

2 Quelles sont ses attributions de souveraineté?

3 Quelles sont ses attributions législatives?

4 Comment divisez-vous les attributions administratives?

Quels sont les actes de l'Empereur correspondant
à ses attributions administratives?

Comment divisez-vous les décrets?

Sous quelle dénomination sont connus les décrets
généraux?

Sous quelles dénominations sont connus les décrets spéciaux ?

Faites connaître les rapports et les différences des règlements d'administration publique avec les lois.

6 Les règlements d'administration publique n'ont-ils pas quelquefois le caractère initial des lois ?

7 L'Empereur ne peut-il faire des règlements d'administration publique qu'en vertu d'une délégation spéciale ?

8 Quel est le caractère essentiel de ces règlements ?

9 Pourquoi dit-on que certains décrets doivent être rendus *dans la forme* des règlements d'administration publique ?

Qu'est-ce qui les distingue des règlements d'administration publique ?

10 Qu'est-ce qu'un décret simple ou ordinaire ?

11 Décrets au contentieux. Renvoi.

12 Quels sont les voies de recours contre les actes de l'Empereur ?

Quelle est le caractère distinctif entre une affaire administrative et une affaire contentieuse ?

TITRE II.

Les Ministres. (Page 9.)

1 Définition.

2 Quel était le nombre des Ministres avant la Révolution de 1789 ?

Comment étaient réglées leurs attributions ?

3 A quelle époque furent réorganisés les Ministères ?

Comment fut divisée l'administration ?

Y avait-il un Conseil des Ministres ?

4 10 Août 1790 ?

12 Germinal an II ?

5 Quand les Ministres furent-ils rétablis ?

1.

A quelle époque fut créé le ministère de la police générale?

4 Nivôse an viii?

6 Y avait-il un conseil des Ministres sous le Consulat et l'Empire?

7 Charte de 1814?

8 1830?

9 République ?

10 Faites connaître l'étendue de la responsabilité des Ministres sous le régime actuel.

Les Ministres peuvent-ils être membres du corps législatif?

11 Existe-t-il un conseil des ministres?

12 Quel est actuellement le nombre des ministres ?

13 Faites connaître quelques attributions des ministres.

13 *bis*. Comment agissent-ils ?

Comment divisez-vous les attributions qui se rattachent à leur pouvoir propre?

14 Comment divisez-vous leurs actes?

15 Faites connaître les règlements des ministres.

16 Faites connaître les instructions.
Comment divisez-vous les instructions ?

17 Faites connaître les décisions.

18 Marchés. Renvoi.

19 Caractères des ministres considérés comme administrateurs.

20 Ministres juges.
Sont-ils juges de droit commun ?
Quel intérêt y a-t-il à savoir qu'un juge est juge de droit commun ?
Quel nom donne-t-on à ceux qui ne sont pas de droit commun ?

21 Quelles conséquences faut-il tirer du principe que les ministres sont des juges ?

22 Comment distingue-t-on une affaire administrative d'une affaire contentieuse ?
Exemples.

23 Les subordonnés des ministres ont-ils une juridiction ?

24 Forme des décisions des ministres ?

25 Quelles sont les voies de recours contre les décisions ministérielles ?

26 Q. l'opposition ?

27 Q. la tierce opposition?

28 Devant quelle autorité est porté l'appel?

29 Peut-on se pourvoir par requête civile?

30 Comment est faite la signification des décisions des ministres?

TITRE III.

Conseils d'État. (Page 22.)

1   Origine du conseil d'État.

2   Comment était-il organisé lorsque survint la Révolution de 1789?

3   Ce conseil fut-il conservé?

4   Faites connaître l'organisation du conseil d'État du Consulat et de de l'Empire.

5   Quelles étaient ses attributions?

6   Auditeurs.

7   Les conseillers étaient-ils inamovibles? Quel décret régla le contentieux?

Quel décret réglementa la procédure ?

8 et 9 Restauration.

11 1830.

10 Quelle est l'ordonnance la plus importante dans la période de 1830-1848 ?

17 Période républicaine (1).

Qu'est-ce qui distingue le conseil d'État de cette période ?

Comment était-il organisé ?

Comment étaient nommés les conseillers d'État ?

Comment étaient nommés les auditeurs ?

13 De quelle époque date le conseil d'État actuel ?

Comment est-il organisé ?

Quel est le nombre des conseillers d'État en service ordinaire ?

Quel est le nombre des conseillers d'État en service ordinaire hors section ?

Quel est le nombre des conseillers d'État en service extraordinaire ?

Des maîtres de requêtes ?

Des auditeurs ?

____

(1) Je suis les numéros du livre bien qu'ils soient irrégulièrement placés.

15 Qu'est-ce qui distingue les conseillers d'État en service ordinaire, hors sections?

16 Qu'est-ce qui distingue les conseillers d'État en service extraordinaire?

17 Que font les maîtres des requêtes?

18 Comment sont nommés les auditeurs?

19 Quelles sont les fonctions du secrétaire-général du conseil d'État?

20 Comment se forme le conseil d'État pour délibérer?

Combien de sections?

Comment sont-elles présidées?

Quelles sont les fonctions des sections?

21 Combien d'espèces d'assemblées générales?

Comment est composée l'assemblée générale du conseil d'État?

22 Que portent les décrets rendus sur l'avis d'une assemblée générale, ou d'une ou plusieurs sections?

23 Comment divisez-vous les attributions du conseil d'État?

24 Comment est exercé le pouvoir législatif?

25 Quelles sont les lois à la promulgation desquelles le sénat peut s'opposer?

26   Quel est le rôle du conseil d'État dans la confection des lois ?

27   Les membres du Corps législatif peuvent-ils proposer des amendements aux projets de lois ?

Que deviennent ces amendements ?

28   L'admission d'un amendement par le conseil d'État est-elle contraire à la règle que l'initiative des lois n'appartient qu'à l'Empereur ?

29   Faites connaître les principales attributions administratives du conseil d'État.

30   Quels sont les textes relatifs à l'organisation du conseil d'État au contentieux ?

31   Quel est le rôle de la section du contentieux ?

Comment est-elle composée ?

32   Comment est organisée l'assemblée du contentieux ?

33   Toutes les affaires contentieuses sont-elles portées nécessairement à l'assemblée du contentieux ?

34   N'y a-t-il pas des cas où certains conseillers d'État ne peuvent prendre part à une délibération ?

Les séances de l'assemblée du contentieux sont-elles publiques ? la délibération est-elle publique ?

35 Que devient le projet de décret, c'est-à-dire l'avis de l'assemblée du contentieux?

36 De quelle époque datent la publicité des séances, la défense orale et la création d'un ministère public au contentieux?

37 Q. la justice retenue?
Q. la justice déléguée?
Y a-t-il aujourd'hui deux justices?

38 Le conseil d'État *juge*-t-il?

39 Comment agit le conseil d'État, considéré comme tribunal administratif?

40 Quelle est la compétence du conseil d'État, considéré comme tribunal de premier et dernier ressort?

41 Faites connaître sa compétence relative à la Banque de France.

42 et 43 Faites connaître sa compétence relative aux majorats.

44 Quelle est la compétence du conseil d'État, considéré comme tribunal d'appel?

45 Le conseil d'État ne pourrait-il pas, en statuant sur un délit de la compétence administrative,

abaisser la peine au-dessous du minimum fixé par
la loi?

46 Dans quels cas le conseil d'État remplit-il le
rôle de Cour de cassation ?

47   Q. l'excès de pouvoir?
Q. l'abus de pouvoir?

48   Le conseil d'État ne peut-il pas être saisi,
dans certains cas, *omisso medio* ?

49 Le conseil d'État peut-il casser des décisions
pour violation des formes et de la loi?

50   Quelle est l'autorité chargée du jugement
des conflits de juridiction en matière administrative?

51   Quelles sont les autorités dont les décisions
peuvent être attaquées devant le conseil d'État,
considéré comme Cour de cassation ?

52   Quel est le décret qui peut être considéré
comme le Code de procédure devant le conseil
d'État ?

53   Par qui sont introduites les instances en conseil d'État ?

54   Comment sont introduites les instances à la
requête des particuliers ?

55. Dans quels cas y a-t-il dispense de constituer un avocat ?

56. Quel est le caractère général de la procédure administrative ?

57 Le recours au conseil d'État suspend-il l'exécution de la décision rendue en premier ressort ?

58 Q. une ordonnance de *soit communiqué*?

59 Le défaut profit-joint existe-t-il en conseil d'État ?

60 Quel est le délai qu'ont les parties pour se pourvoir en conseil d'État ?

61 Comment sont faites les notifications ?

62 Comment est prouvée la notification par lettre ?

63 Le conseil d'État statue sur la validité de la notification. Statue-t-il sur la question préjudicielle de domicile ?

64 Le délai de trois mois emporte-t-il déchéance pour l'appel incident?

65 et 66 Comment l'État introduit-il une instance en conseil d'État ?

67 Comment est-il mis en cause lorsqu'il est défendeur ?

68 Comment sont formées les demandes inci-
dentes ?

69 Le conseil d'État juge-t-il les inscriptions de
faux ?

70 Qui peut intervenir dans une instance en
conseil d'État ?

71 Reprise d'instance et constitution de nouvel
avocat.

72 Le conseil d'État statue-t-il sur les désaveux ?

73 La péremption est-elle admise en conseil
d'État ?

74 *Quid* de la récusation ?

Quid du désistement ?

75 Que doivent contenir les décisions ?

Le mot *décision*, employé par le décret du 22 juillet 1806 convient-il ?

Quelles sont les voies de recours contre les *décisions* du conseil d'État ?

76 Y a-t-il deux espèces de défauts comme en
procédure civile ?

Quel est le délai de l'opposition ?

77 La règle de l'art. 153 du Code de procédure
civile existe-t-elle en matière administrative ?

78 Quelles sont les ouvertures à requête civile ?

79 Comment est formée la tierce-opposition ?

80 Comment sont liquidés les dépens?

81 L'État peut-il être condamné aux dépens ?

82 Quelles sont les fonctions des avocats au conseil d'État ?

83 Huissiers au conseil d'État.

TITRE IV.

Cour des Comptes. (Page 60.)

1   Origine de la Cour des Comptes.

Comment étaient vérifiés les comptes pendant la Révolution ?

2   Quelle est la loi qui a créé la Cour des comptes ?
Quel est le décret qui l'a organisée ?
Son organisation a-t-elle été modifiée depuis 1807 ?

3   Comment est-elle organisée ?
Quelles sont les fonctions des conseillers-maîtres ?

4   Quelles sont les fonctions des référendaires ?

5   Les membres de la cour des comptes sont-ils amovibles?

La cour des comptes est-elle un tribunal administratif ou judiciaire?

Comment divisez-vous les attributions de la cour des comptes?

7   Sur quelle base repose notre système de comptabilité publique?

Q. un ordonnateur?

Q. un comptable?

8   Combien d'espèces de comptables?

La cour des comptes a-t-elle une juridiction sur les comptables en matières?

9   A-t-elle une juridiction sur les comptables en deniers?

Les référendaires peuvent-ils s'adjoindre quelqu'un pour la vérification des comptes?

10   Quelles sont les fonctions du procureur-général à la cour des comptes?

11   Quelle position peut-être faite à un comptable par la cour des comptes?

Le comptable déclaré en *avance* est-il *ipso facto*, créancier de l'Etat?

12   Quelles sont les voies de recours contre les arrêts de la Cour des comptes ?

L'opposition est-elle admissible ?

13   *Quid* de la révision ?

14   Peut-on se pourvoir en cassation contre les arrêts de la Cour des comptes ?

Pour quelles causes ?

Quel est le délai de pourvoi ?

15   *Quid* de la tierce-opposition ?

16   Translation, réduction, radiation d'hypothèque ?

17   La cour a-t-elle une juridiction criminelle sur les comptables ?

18   Décide-t-elle les questions préjudicielles ?

19   Ne fait-elle pas certaines déclarations.

20   Ne présente-t-elle pas un rapport à l'Empepereur et dans quel but ?

[illegible]

[illegible]

[illegible] das pays [illegible]

[illegible]

[illegible]

[illegible]

[illegible]

[illegible]

[illegible]

[illegible]

[illegible]

[illegible]

[illegible] journal [illegible]

[illegible]

[illegible]

[illegible]

[illegible]

TITRE V.

Conseil supérieur de l'instruction publique. (Page 67.)

1   Principe contenu dans la loi du 10 mai 1836?

Décret du 17 mars 1807.

2   Autorités universitaires sous l'Empire.

Attributions du grand maître.

Attributions du conseil.

3   L'université, personne morale.

4   Fut-elle conservée par la restauration?

5   Loi du 24 mai 1834.

6   Loi du 7 décembre 1845.

7   Constitution du 4 novembre 1848?

8   Suite.

9   Comment était composé le conseil de l'instruction publique sous l'empire de la loi du 15 novembre 1850?

10   Comment est organisé le conseil actuel?

11   Quelles sont ses attributions?

1 et 2   Comment était divisée la France avant la révolution de 1789 ?

Division nouvelle ?

3   Quelles sont les bases de la nouvelle division ?

4   Comment fut organisée l'administration départementale ?

Comment fut composé le directoire du département ?

Quelle était la nature de ses attributions ?

Comment était composé le conseil ?

Quelle était la nature de ses attributions?

Comment était organisée l'administration du district?

5 Comment fut organisée l'administration municipale?

Par qui fut proposé le nouveau système?

Quel était le système proposé par Mirabeau?

6. Quels changements furent introduits par la Constitution de l'an III?

7 Quelle est la loi fondamentale de l'organisation maintenant en vigueur?

Faites connaître cette organisation.

8 Le département est-il une personne morale?

De quelle époque date sa personnalité?

L'arrondissement est-il une personne morale?

Décret de 1811 et loi de 1838?

9 Quels sont les biens des départements?

10 Les communes sont-elles des personnes morales?

11   Quel est le régime politique et administratif de la France ?

Quels sont l'esprit et l'objet du décret du 25 mars 1852 ?

Ce décret est-il applicable à la ville de Paris?

TITRE VII.

Conseils de Préfecture. (Page 89.)

1 État de la justice administrative et judiciaire avant la Révolution.

Que fit l'Assemblée constituante?

2 et 3 Donnez quelques notions historiques.

4 Quelle est l'idée dominante dans la loi du 28 pluviôse an VIII?

5 Comment sont organisés les conseils de préfecture?

N'y a-t-il pas certaines incompatibilités?

3.

6   Les conseillers de préfecture sont-ils inamovibles?

7   Comment sont prises les délibérations?

Comment, en cas d'empêchement, sont remplacés les conseillers?

8   En dehors de leurs fonctions ordinaires, à quoi peuvent être appelés les conseillers de préfecture?

9   Quelles sont les attributions du conseil de préfecture?

10   Comment peut-on les diviser?

11   Comment agit le conseil de préfecture dans l'exercice de ses attributions administratives?

N'exerce-t-il pas aussi, sous certains rapports, la tutelle administrative?

12   Quelles sont ses principales attributions?

Faites connaître ces attributions.

14   La loi a-t-elle tracé les règles à suivre pour agir devant le conseil de préfecture?

Comment se nomment ses décisions?

Quels sont leurs effets?

Quelles sont les voies de recours contre les arrêtés des conseils de préfecture?

Jusqu'à quel moment l'opposition est-elle recevable ?

Devant quelle autorité peut-on se pourvoir par appel ?

La requête civile est-elle possible ?

Pourquoi non ?

TITRE VIII·

Conseils généraux. (Page 96.)

1 et 2   Quelles sont les lois qui règlent l'organisation des conseils généraux?

3   Quel est le nombre des conseils généraux?

4   De combien de membres est composé un conseil général?

Comment sont-ils nommés?

5   La loi exige-t-elle des conditions de cens?

Quelles sont les conditions exigées par la loi du
3 juillet 1848?

6   La loi ne prononce-t-elle pas certaines incompatibilités?

Ces incompatibilités ne sont-elles pas de deux espèces?

Le même individu peut-il être membre de plusieurs conseils généraux ?

7   Un membre du conseil n'est-il pas considéré dans un cas comme démissionnaire ?

Pour combien d'années sont nommés les membres des conseils généraux ?

Comment se font les renouvellements ?

Quel a été le but du législateur en établissant ce mode de renouvellement ?

8   Comment peut être prononcée la dissolution d'un conseil général?

9   Qu'arrive-t-il lorsqu'un individu est élu dans plusieurs départements?

10   Qu'arrive-t-il lorsque le même individu est nommé conseiller général et conseiller d'arrondissement?

S'il survient des difficultés sur la démission ou prétendue démission d'un conseiller, par qui sont-elles jugées?

11   Comment sont convoqués les conseils généraux?

12   Comment sont nommés les président, vice-
président et secrétaire ?

Les conseils généraux ont-ils plusieurs sessions ?

13   Les séances sont-elles publiques ?

14   *Quid* si le conseil général délibère sur des
objets qui ne sont pas compris dans ses attributions?

15 et 16   Faites connaître les formalités relatives
aux élections.

17   Comment peut-on se pourvoir contre l'élection d'un conseiller général?

Faites connaître la compétence des tribunaux judiciaire et celle des conseils de préfecture.

Le recours au conseil d'État contre les arrêts des
conseils de préfecture est-il suspensif?

17 *bis.* Quels sont les textes qui règlent les attributions des conseils généraux ?

18   Comment peut-on considérer les conseils
généraux au point de vue de leurs attributions?

Que fait le conseil général considéré comme délégué du corps législatif?

19 et 20   Quel est le rôle du conseil général dans la répartition de l'impôt?

21   *Quid* si le conseil général ne se réunissait pas ou s'il se séparait avant d'avoir arrêté la répartition de l'impôt?

Les décisions du conseil général, en cette ma-tière, peuvent-elles être réformées?

22 23 et 24. Qui peut attaquer les décisions du conseil général, quand il s'agit de répartition d'im-pôts?

25   Le conseil général ne vote-t-il pas les cen-times additionnels?

D'où vient la dénomination de centimes addition-nels?

Faites connaître les différentes espèces de cen-times additionnels.

26   Comment divisez-vous les centimes dépar-tementaux?

27   Que fait le conseil général considéré comme représentant le département?

28   Quel est le caractère des délibérations du conseil général dans les cas énumérés dans l'art. 4 de la loi de 1838?

29 Comment sont établies les contributions extraordinaires dans l'intérêt du département ?

Comment sont autorisés les emprunts ?

30 La délibération du conseil général doit-elle précéder ou suivre la loi qui autorise les contributions ?

31 Quelles sont les formalités exigées par la loi pour les acquisitions, aliénations et échanges des propriétés départementales ?

32 Quelles sont les formalités pour le changement de destination ou d'affectation des édifices départementaux ?

33 Comment est réglé le mode de gestion de propriétés départementales ?

34 Quelles sont les formalités dans le cas de procès à intenter pour ou contre le département ?

35 Quelles sont les formalités pour les transactions qui concernent les droits des départements ?

36 Comment sont acceptés les dons et legs faits aux départements ?

45 Quelles sont les attributions des conseils généraux considérés comme conseils du gouvernement ?

46 Quelles sont les formalités pour les changements de circonscription des départements, des arrondissements et communes ?

47 Réclamations et vœux du conseil général dans l'intérêt du département ?

TITRE IX.

Sous-Préfet (Page 126.)

1 Q. un sous-préfet ?

2 A-t-il une autorité propre?

3 · Comment sont nommés les sous-préfets ?

Comment sont-ils remplacés en cas d'absence?

Quelle est la forme de leurs actes ?

TITRE X.

Conseils d'arrondissement (Page 127.)

1   Quelles sont les lois qui règlent l'organisation et les attributions des conseils d'arrondissement?

2   Comment sont organisés ces conseils?

3   Pour combien d'années sont nommés les con·seillers d'arrondissement?

4   Comment peut-être prononcée la dissolution des conseils d'arrondissement?

4.

5 Se réunissent-ils souvent?

Les attributions des conseils d'arrondissement sont-elles importantes?

Que font-ils dans la première partie de leur session?

6 Sur quelles affaires donnent-t-ils leur avis?

7 Sur quelles affaires *peuvent-ils* donner leur avis?

8 Que font-ils dans la deuxième partie de leur session?

9 *Quid* si un conseil ne se réunissait pas ou se séparait sans répartir les impôts?

TITRE XI

Maires et Adjoints (Page 131.)

1   Quelle est la loi qui régit actuellement l'organisation municipale?

Quelle loi règle les attributions des autorités municipales?

2   Quelles sont les autorités qui composent le corps municipal?

Comment sont nommés les maires et adjoints?

A quel âge peuvent-ils être nommés?

Peuvent-ils être pris en dehors du conseil municipal?

Pour combien de temps sont-ils nommés?

3   Le préfet a-t-il le droit de les révoquer?

Qui peut les révoquer?

4   Quel est le nombre d'adjoints?

5   N'y a-t-il pas un cas ou un adjoint spécial est nommé?

6   Comment sont suppléés les maires en cas d'absence ou d'empêchement?

7   Avec quelles autres fonctions sont incompatibles les fonctions de maire ou d'adjoint?

8   Quelles sont les fonctions diverses que remplit le maire?

9   Comment peut-on le considérer?

Quand agit-il sous l'autorité du préfet?

Quand agit-il sous la surveillance du préfet?

Que fait-il sous l'autorité du préfet?

10   Quelles sont les fonctions les plus importantes du maire considéré comme organe des intérêts généraux?

11   Que fait-il sous la *surveillance* de l'administration?

12   Les arrêtés du maire peuvent-ils être annulés?

13   Quels sont les arrêtés qui ne sont exécutoires qu'après un certain délai?

Le maire ne nomme-t-il pas à certains emplois?

Ne peut-il pas déléguer une partie de ses fonctions?

14   Comment procède-t-il à une adjudication publique?

Comment sont résolues les difficultés?

15   Quelle a été l'influence de la loi du 5 mai 1855 sur les attributions des maires?

TITRE XII

Conseils municipaux. (Page 138.)

1   Quelle est la loi qui règle actuèllement l'organisation municipal ?

Quelles lois a-t-elle abrogées ?

2   Comment sont composés les conseils municicipaux ?

3   Comment sont nommés les conseillers municipaux ?

5   A quel âge peuvent-ils être nommés ?

Pour combien de temps sont-ils nommés ?

Dans cet espace de temps procède-t-on au remplacement à mesure des vacances?

5 Quelles sont les personnes incapables d'être nommées?

6 Les fonctions des conseillers municipaux ne sont-elles pas incompatibles avec d'autres?

7 Quels sont les parents ou alliés qui ne peuvent siéger ensemble dans le même conseil?

Quid si la cause d'exclusion est survenue depuis la nomination?

8 Quel est le pouvoir du préfet sur les conseils municipaux?

Comment sont remplacés les conseils suspendus?

Comment est-nommée la commission qui les remplace?

Quel est le nombre des membres de la commission?

De combien de membres sont composés les conseils de Paris et de Lyon?

Combien de sessions ordinaires ont les conseils municipaux?

Combien de jours peuvent durer les sessions?

Comment peuvent-ils être convoqués extraordi-dinairement?

10 Quel nombre de conseillers présents est né-cessaire pour la validité des délibérations ?

11 Par qui sont présidés les conseils munici-paux ?

12 Les conseillers municipaux ne peuvent-ils pas, dans certains cas, être déclarés démission-naires ?

13 N'y a-t-il pas des cas où certains membres du conseil ne peuvent prendre part aux délibéra-tions ?

14 Les séances sont-elles publiques ?

Les délibérations ne peuvent-elles pas être néan-moins connues des habitants de la commune ?

15 *Quid* si le conseil municipal délibère sur des objets étrangers à ses attributions ou hors des réunions légales ?

16, 17, 18 Comment sont faites les élections municipales ?

19 Quelles sont les conditions exigées pour la validité de l'élection au 1ᵉʳ tour de scrutin ?

Comment a lieu l'élection au 2ᵉ tour de scrutin ?

Quid si plusieurs candidats obtiennent le même nombre de suffrages ?

20   Qui peut demander la nullité des élections ?

Quelles sont les autorités compétentes pour statuer ?

Faites connaître la compétence administrative.

Le pourvoi au conseil d'État est-il suspensif?

Faites connaître la compétence judiciaire.

21   Quelle est la loi qui règle les attributions des conseils municipaux?

Quels sont les biens qu'une commune est susceptible d'avoir ?

Comment sont définis les biens communaux ?

Les habitants des communes en sont-ils propriétaires ?

22   Comment divisez-vous les attributions des conseils municipaux ?

23   Quelles sont les affaires que les conseils municipaux règlent seuls?

Comment sont faits les baux qui concernent les biens des communes ?

24   Combien y a-t-il de systèmes pour la jouis-

sance et la répartition des pâturages et fruits communaux ?

25 Est-il nécessaire d'être Français pour avoir droit aux avantages communaux ?

26 Quel est le mode de répartition en vigueur, en ce qui concerne les affouages ?

Q. l'affouage ?

Q. le bois de marronnage ?

Quelle est l'autorité des règlements municipaux ?

27 Quels sont les objets pour lesquels le conseil municipal a un pouvoir de délibération ?

Quel est le caractère de ces délibérations ?

28 Q. la vaine pâture et le parcours ?

Constituent-ils des servitudes ?

29 Quelles sont les formalités des acquisitions ou aliénations d'immeubles faites par les communes ?

30 Le maire peut-il acheter les biens de sa commune ?

Peut-il lui vendre les siens ?

Comment se font les ventes de meubles ?

31 Une commune peut-elle être expropriée par ses créanciers comme un débiteur ordinaire ?

32 Que doit faire une commune qui veut intenter un procès?

33 *Quid* si le conseil de préfecture refuse son autorisation ?

34 A-t-elle besoin d'une autorisation nouvelle pour appeler?

35 En a-t-elle besoin pour se pourvoir en cassation?

36 *Quid* si la commune par négligence ou autrement n'exerçait pas ses droits?

37 Peut-on agir contre une commune sans autorisation ?

38 Quel est donc le caractère du mémoire que le demandeur est tenu d'adresser au préfet?

39 *Quid* si la commune défenderesse n'obtient pas l'autorisation de plaider ?

40 Le maire ne peut-il pas intenter certaines actions sans autorisation préalable?

41 Comment sont soutenus les procès intéressant des sections de communes ?

42 Quelles sont les formalités pour les transactions intéressant les communes?

43 Quels sont les actes pour lesquels les conseils municipaux ne peuvent donner que des avis?

44 Sur quels objets les conseils municipaux peuvent exprimer des vœux?

45 Comment sont administrés les biens appartenant par indivis à plusieurs communes?

46 Comment les communes peuvent-elles être obligées?

47 Peuvent-elles en général être obligées par des quasi-contrats?

48 Comment sont-elles obligées par des quasi-délits?

49 Quelle est la loi relative aux délits des communes?

Quels sont ces délits?

50 Dans quelles proportions les communes sont-elles responsables des dommages causés?

51 Lorsque plusieurs communes ont commis les délits prévus par la loi, sont-elles tenues solidairement ou conjointement?

52 Ne peuvent-elles pas être déchargées de toute responsabilité?

5.

53 Dans quel délai doit être payé le montant des condamnations?

A qui s'adresse-t-on d'abord?

La loi de l'an IV est-elle applicable à Paris et à Lyon?

———————

Administration de Paris et de Lyon.

(Page 166.)

1 Comment était organisée l'administration de Paris sous l'ancienne monarchie?

Comment fut organisée l'administration de Paris par la loi du 22 décembre 1789?

2 Sous la Constitution de l'an III?

De quelle époque date la division de Paris en douze arrondissements?

Faites connaître l'administration de Paris à la suite de la loi du 28 pluviôse an VIII.

Administration actuelle.

Y a-t-il des conseils d'arrondissements à Paris?

3 Faites connaître le conseil général du département de la Seine. Décret du 3 juillet 1848.

4   Faites connaître le conseil municipal de la ville de Paris?

5   Comment peut être considéré le préfet de la Seine?

6 et 6 *bis*   Faites connaître ses attributions.

7   Quelles sont les dispositions législatives qui règlent les attributions du préfet de police?

Comment peuvent-elles être divisées?

8   Faites connaître ses attributions de police générale.

9   Q. un passeport.

Par qui sont délivrés les passeports?

22   Faites connaître ses attributions de police municipale.

32   Le préfet n'est-il pas aussi officier de police judiciaire?

33   Quelles sont les attributions des maires de Paris?

34   Faites connaître l'administration de Lyon.

DEUXIÈME PARTIE.

MATIÈRES ADMINISTRATIVES.

TITRE PREMIER.

Agents du gouvernement. (Page 185.)

AUTORISATION DE POURSUIVRE LES AGENTS DU GOUVERNEMENT.

1 et 2 Avant la révolution de 1789, les agents du gouvernement pouvaient-ils être poursuivis sans autorisation?

De quelle époque date la garantie dont ils jouissent maintenant?

Faites connaître l'art. 75 de la Constitution de l'an VIII.

3 Cette garantie fut-elle maintenue sous la Restauration?

Existait-elle sous le gouvernement de Louis-Philippe?

Sous la République?

3 Comment définissez-vous les agents du gouvernement?

5 Les ministres des cultes sont-ils agents du gouvernement?

Tous les agents du gouvernement jouissent-ils de la garantie administrative?

6 . N'y a-t-il pas certains agents qui peuvent être poursuivis avec l'autorisation du directeur-général de leur administration ?

7 De quelles garanties jouissent les sénateurs, les conseillers d'État, les maîtres des requêtes, les auditeurs au conseil d'État ?

Les ministres?

8 Les membres de l'ordre judiciaire?

Les militaires?

9 Les maires peuvent-ils être poursuivis sans autorisation ?

Quelle distinction faut-il faire à leur égard?

Les conseillers de préfecture jouissent-ils de la garantie?

10 La garantie cesse-t-elle en cas de flagrant délit?

11 Que faut-il pour que l'agent puisse bénéficier

de la disposition de l'art. 75 de la Constitution de l'an VIII ?

La loi garantit-elle la fonction ou le fonctionnaire ?

Conséquence ?

La garantie concerne-t-elle les actions civiles qui ponrraient être intentées contre les agents du gouvernement ?

12 Quelle est la marche à suivre pour réclamer l'autorisation de poursuivre les agents du gouvernement ?

13 Sur quel principe est fondée la nécessité d'une autorisation pour exercer des poursuites contre les agents du gouvernement ?

TITRE II

Appel comme d'abus. (Page 190.)

1 Quelle est la compétence du conseil d'État, en matière religieuse?

Donnez quelques notions générales sur les rapports de l'État avec l'Église.

2 Pragmatique-sanction de Louis IX?

3 Pragmatique de Bourges?

4 Faites connaître le concordat de François 1er.

5 Faites connaître la déclaration du clergé de France sur les libertés de l'église gallicane?

6 Faites connaître la constitution civile dù clergé de 1790.

7   Schisme qui en fut la conséquence?

8 et 9.   Faites connaître le concordat de 1801.

10   Faites connaître le concordat de 1813.

11, 12, 13 et 14.   Donnez quelques notions historiques relatives aux cultes sous les divers gouvernements de la France depuis l'Empire?

15   Q. l'appel comme d'abus?

16   Quels sont les cas d'abus de la part des ministres du culte catholique?

17   N'y a-t-il pas quelque chose de plus dans la loi organique du culte protestant?

18   Quel est le principal cas d'abus?

19   Les évêques ont-ils une juridiction?

Les curés sont-ils amovibles?

20, 21, 22.   Faites connaître quelques cas d'abus?

24   Qui peut exercer le recours pour abus?

25   Quels résultats peut avoir l'appel comme d'abus?

26   Quels sont les effets de la déclaration d'abus?

1, 2, 3. Donnez quelques notions historiques?

Faites connaître les *priviléges* de l'ancienne monarchie.

4 De quelle époque datent les brevets d'invention?

Quel nom leur avait donné la loi de 1791?

Quelle était leur durée?

5 Les brevets sont délivrés *sans garantie du gouvernement* (S. G. D. G.) : que signifient ces expressions?

6 Par quelles lois est régie la matière des brevets actuellement?

7 Q. un brevet d'invention?

8 Quelle est la nature du droit de l'inventeur?

6

Que disent les partisans de la propriété de l'invention?

Que disent ses adversaires?

9 Q. une invention?

10 Toutes les inventions sont-elles susceptibles d'être brevetées?

10 *bis* et *ter*. *Quid* des remèdes secrets.

11 Quelle est la durée des brevets?

Quel est le montant de la taxe?

Comment est-elle payable?

12 Quel intérêt peut-on avoir à prendre un brevet de moins de quinze ans, puisqu'on peut toujours se décharger de l'obligation de payer la taxe en laissant tomber l'invention dans le domaine public?

13 Quelles sont les formalités à remplir pour obtenir un brevet d'invention?

13 *bis*. Les officiers du génie et de l'artillerie peuvent-ils se faire breveter pour les découvertes qu'ils font?

14 De quel jour commence à courir la durée du brevet?

15 Par qui sont délivrés les brevets?

15 *bis.* Les brevets sont-ils délivrés avec ou sans examen?

16 *Quid* si la demande est irrégulièrement formée?

17 Pourquoi la loi veut-elle que les brevets soient mentionnés au bulletin des lois?

18 La durée des brevets peut-elle être prolongée?

Le gouvernement peut-il prolonger au moins les brevets de cinq et dix ans?

19 Q. un certificat d'addition.

Quel est le prix du certificat d'addition?

20 Quelle différence y a-t-il entre le certificat d'addition et le brevet de perfectionnement?

21 N'existe-t-il pas un espace de temps pendant lequel le breveté peut seul prendre un brevet de perfectionnement?

22 L'inventeur et le perfectionneur peuvent-ils exploiter en même temps?

23 Peut-on céder un brevet?

Quelles sont les formalités de la cession?

24 Les certificats d'addition profitent-ils au cessionnaire?

25   En est-il de même du brevet de perfectionnement?

26, 27, 28.   Peut-on obtenir communication des
descriptions et dessins relatifs aux brevets?

29   Les étrangers peuvent-ils obtenir en France
des brevets d'invention?

Existe-t-il encore des brevets d'importation?

30   Un brevet ne peut-il pas être frappé de déchéance ou de nullité?

30 *bis*.   Lorsqu'un faux inventeur s'est fait breveter, le véritable inventeur intente-t-il l'action en
nullité?

Quelle action intente-t-il?

Quels sont les cas de déchéance?

34   Faites connaître les tribunaux compétents
pour statuer sur les difficultés qui peuvent s'élever
en matière de brevets d'invention.

35   Quel intérêt y a-t-il à savoir que les actions
ont été exercées en nullité ou en déchéance par le
ministère public?

TITRE III.

Budget (Page 224.)

1 Q. un budget?

Q. l'exercice?

2 Q. la loi de finances?

Comment est préparé le budget?

3 Comment était voté le budget avant le sénatus-consulte du 25 décembre 1852?

4 Q. un virement de crédit?

Comment peut-il être fait?

5 Que faut-il entendre par crédit ordinaire?

Crédit supplémentaire?

Crédit extraordinaire ?

Crédit complémentaire?

6 Les décrets qui autorisent des crédits ne doivent-ils pas être approuvés.par le législateur?

Dans quel délai?

7 Peut-on reporter un crédit d'un exercice à l'autre?

8 Comment sont terminées les lois de finances?

9 Comment est présenté, délibéré et réglé le budget départemental ?

En combien de sections est-il divisé?

10 Quelles sont les dépenses ordinaires ou obligatoires ?

11 *Quid* si le conseil général n'avait pas voté les dépenses ?

12 Que faut-il entendre par dépenses facultatives ?

13 Par dépenses extraordinaires ?

14 Dépenses spéciales?

15 Quelles sont les ressources affectées aux dépenses ordinaires ?

16 Q. le fonds commun?

17 Q. les fonds libres ?

18 Quelles sont les ressources affectées aux dépenses facultatives ?

19. Quelles sont les ressources affectées aux dépenses extraordinaires ?

20 Quelles sont les ressources affectées aux dépenses spéciales ?

23 Q. le fonds de non valeur ?

23 Comment est proposé, voté et réglé le budget municipal ?

24 Comment sont approuvés les crédits supplémentaires ?

26 Le préfet peut il introduire dans le budjet communal des dépenses qui n'ont pas été votés par le conseil municipal ?

28 Comment sont approuvées les dépenses extraordinaires ?

29 Comment sont autorisés les emprunts faits dans l'intérêt des communes ?

32 Comment sont approuvées les comptes des maires ?

Le compte du maire est-il un compte d'administration ou bien un compte de deniers ?

34   Qui délivre les mandats de paiement pour es dépenses communales ?

36 et 37   Comment sont perçues les recettes municipales *?*

38   Comment sont vérifiés les comptes du receveur municipal ?

TITRE IV.

Bulles. (Page 237.)

ENREGISTREMÉNT DES BULLES ET AUTRES ACTES DU
SAINT-SIÉGE :

1, 2 Q. une bulle?

3 Quelle est l'autorité chargée d'examiner les
bulles?

Quel est le but de cet examen?

TITRE V

Cadastre. (Page 239.)

1   Q. le cadastre ?

2   Décret du 21 mars 1793.

3   1802.

Qu'est-ce que le cadastre par masses de cultures ?

4   A quelle époque fut-il entrepris sérieusement?

5   Que comprend la confection du cadastre?

6   Que comprennent les travaux d'art ?

7   Q. la délimitation?

8   Q. la division en sections?

9   Q. la triangulation ?

10   Q. l'arpentage et la levée des plans ?

11   Q. l'expertise ?

12   Q. la commission des vérificateurs et classificateurs ?

13   Q. la classification ?

15   Q. l'évaluation ?

16   Q. le classement ?

17   Par qui est faite la répartition individuelle ?

18   Qu'entendez-vous par matrice des rôles ?

18   Q. le rôle cadastral ?

Q. l'allivrement cadastral ?

22   A quelles époques sont reçues les réclamations contre les opérations cadastrales ?

Quelles sont les autorités chargées de statuer ?

TITRE VI.

Changements de noms. (Page 245.

Quelle est la loi qui règle cette matière?
Quelles sont les formalités exigées?
Dans quel délai peut-on réclamer?

TITRE VII

Conflits. (Page 246.)

1 Définition du conflit?

Q. le conflit de juridiction?

2 Q. le conflit d'attribution?

Q. le conflit positif?

Q. le conflit négatif?

3 Comment sont jugés les conflits?

3 *bis.* Y avait-il avant la révolution de 1789 de véritables conflits?

De quel principe sont nés les conflits?

Comment ont-ils été jugés sous les divers gouvernements depuis 1789 jusqu'aujourd'hui?

6   Quelle est l'ordonnance qui règle la matière?

7   Comment était composé le tribunal des conflits?

8   Comment justifie-t-on le jugement des conflits par l'Empereur?

9   Peut-on élever le conflit en matière criminelle?

10   Peut-on l'élever en police correctionnelle?

Faites connaître les deux exceptions à la règle qu'il ne peut pas être élevé en police correctionnelle.

11   Peut-on l'élever devant les tribunaux de commerce et devant les juges de paix ?

12   Peut-il être élevé devant les tribunaux de simple police?

13   Quels sont donc les tribunaux devant lesquels il peut être élevé ?

Le conflit peut-il être élevé après des jugements en dernier ressort ou acquiescés, ou bien après des arrêts définitifs?

14   Qui peut élever le conflit?

15   Quel est le préfet compétent?

16   Que doit faire le préfet avant d'élever le conflit?

17   Si le tribunal avait déjà statué sur le déclinatoire, le préfet le proposerait-il de nouveau?

18   Que fait le procureur impérial après que le tribunal a statué?

19   Dans quel délai doit être élevé le conflit?

20   Comment se nomme l'acte par lequel le préfet élève le conflit?

Que doit il contenir?

Le préfet pourrait-il rapporter son arrêté de conflit?

Que doit faire le procureur impérial?

21   Dans quel délai doit statuer le conseil d'État?

22   Quelle solution peut donner le conseil d'État?

23   Q. le conflit négatif?

Est-il réglé par l'ordonnance de 1828?

TITRE VIII.

Congrégations religieuses. (Page 256.)

1 Les congrégations religieuses d'hommes ont-elles une existence légale ?

Les congrégations de femmes n'ont-elles pas été rétablies ?

2 Que décida la loi de 1817 ?

Quelle est la loi fondamentale de cette matière ?

Cette loi n'a-t-elle,pas été modifiée ?

4 Combien d'espèces de congrégations ?

5 Dispositions principales de 1825 ?

6 Comment sont autorisées les congrégations

qui adoptent les statuts de congrégations déjà autorisées?

7   Des personnes faisant partie d'une congrégation peuvent-elles disposer à titre gratuit de leurs
biens comme bon leur semble?

8   Comment peut être révoquée l'autorisation
d'une congrégation religieuse?

9   Que deviennent les biens de l'établissement
en cas de suppression ou d'extinction ?

10 En cas de révocation, les membres de la congrégation dissoute n'ont-ils pas certains droits sur
les biens ?

TITRE IX.

Contributions. *(Page 259.)*

1 Q. l'impôt?

2 Comment est-il voté?

3 Comment divisez-vous les impôts?

4 Q. l'impôt direct?

5 Q. l'impôt indirect?

6 Quels sont les impôts directs?

7 Certaines contributions ne sont-elles pas assimilées aux impôts directs ?

8 Q. l'impôt de répartition ?

Q. l'impôt de quotité ?

9   Quels sont les impôts de répartition?

10   Quels sont les impôts de quotité?

11   Q. l'impôt proportionnel?

12   Q. l'impôt progressif?

L'impôt est-il proportionnel ou progressif?

CONTRIBUTIONS DIRECTES.

13   Q. l'impôt foncier?

Quelle est la loi qui le régit?

14   Que frappe-t-il?

Q. le revenu net?

Comment est déterminé le revenu net des terres labourables?

15   Comment est déterminé le revenu net des maisons?

16   Comment est déterminé celui des fabriques?

17   Certaines propriétés ne sont-elles pas exemptées de l'impôt?

L'État doit-il l'impôt?

Ne doit-il pas certaines contributions?

Les biens de la couronne sont-ils soumis à l'impôt?

Les marais après les desséchements?

Les terres vaines et vagues défrichées?

18 Quelle est l'obligation imposée à celui qui veut jouir de l'exemption?

19 Qui doit l'impôt foncier?

20 Les fermiers, les usagers en sont-ils tenus?

Les locataires des maisons?

21 Comment est réparti l'impôt foncier?

22 Quelle est la base de la répartition faite par le corps législatif?

23 Quelle est celle sur laquelle opère le conseil général?

Quid si le conseil général ne se réunissait pas ou se séparait sans avoir réparti l'impôt?

24 Comment est faite la répartition entre les communes?

25 Comment est faite la répartition entre les contribuables?

Comment est composée la commission des répartiteurs?

26 Q. la contribution personnelle et mobilière?

Que comprend-elle?

27   Faites connaître la contribution personnelle ?

28   Par qui est-elle due ?

29   Qu'est-ce qui constitue la qualité d'habitant ?

30   Sur quoi est basée la contribution mobilière ?

31   Par qui est-elle due ?

Peut-elle être exigée dans différents lieux ?

En est-il de même de la contribution personnelle ?

32   Pour combien de temps sont établies ces contributions ?

33   *Quid* en cas de déménagement ?

34   Quelles sont les obligations des propriétaires et des principaux locataires ?

35   Certaines personnes ne sont-elles pas exemptées de cette contribution ?

Qui peut accorder ces exemptions ?

36   Peut-on se pourvoir par voie contentieuse contre les décisions des conseils municipaux ?

37   Les communes ne peuvent-elles pas convertir cette contribution en droits d'octroi ?

38   Comment se fait la répartition de la contribution personnelle et mobilière ?

39 A quelle époque fut créée la contribution des portes et fenêtres?

Est-ce un impôt de répartition ou de quotité?
Sur quelles portes et fenêtres est-elle établie?

Quelle est sa base de répartition?

40 Par qui est-elle due?

Certaines portes et fenêtres ne sont-elles pas exemptées?

41 Les personnes logées gratuitement dans des appartements de l'État sont-elles tenues de payer cette contribution?

42 A quelle époque fut créé l'impôt des patentes?

43, 44, 45. Les professions libérales sont-elles soumises à l'impôt des patentes?

46 Les étrangers doivent-ils cette contribution?

Quelle est la loi principale qui règle la matière?

47 Les industries et professions non désignées dans les lois sont-elles taxées?

48 De quels droits se compose la contribution des patentes?

Comment est réglé le droit fixe?

Quel est le droit proportionnel?

8.

49 Comment est réglé le droit des patentes dans le cas de société en nom collectif?

50 *Quid* pour les sociétés anonymes?

51, 52, 53. *Quid* lorsqu'un individu a plusieurs établissements?

54 Comment sont formées les matrices de cette contribution?

55, 56. Peut-on réclamer?

56 *bis*. Quelle autorité est chargée de rendre les rôles exécutoires?

57 La patente est-elle due pour l'année?

Quid si quelqu'un entreprend une industrie dans le courant de l'année?

59 Comment est-elle payable?

60 *Quid* en cas de déménagement?

61, 62 et 63. N'y a-t-il pas certains centimes additionnels au principal de la contribution des pa-tentes?

55 Comment se fait le recouvrement des con-tributions directes?

57 Par qui les rôles sont rendus exécutoires?

59 Comment sont payables les contributions directes?

61   Comment sont exercées les poursuites, lors-que le contribuable est en retard?

Quelles sont les conditions de validité des con-traintes?

62, 63.   Quels sont les agents de poursuites?

64, 65, 66, 67.   A Quel moment peuvent com-mencer les poursuites ?

68   Quelles sont les différents actes de pour-suites?

69   Que comprend la saisie ?

Quand peut-elle avoir lieu ?

70   A quelle condition peut avoir lieu la vente?

71   La saisie immobilière n'est-elle pas soumise à une condition particulière ?

72   Droits du trésor contre les débiteurs du con-tribuable?

73   Le trésor n'a-t-il pas un privilége?

En matière de contribution foncière, quelle est l'étendue de la garantie qu'il procure ?

74   Que frappe-t-il ?

75   Faites connaître le privilége du trésor en ce qui concerne la contribution personnelle et mobi-lière et celle des portes et fenêtres et des patentes?

76   Par combien de temps se prescrit l'action du trésor ?

77   Quelles sont les réclamations qui peuvent être faites par les contribuables ?

Q. la demande en décharge ?

Q. la demande en réduction ?

Q. la demande en remise ?

Q. la demande en modération ?

Quel intérêt y a-t-il à distinguer les décharges et réductions des remises et modérations ?

78   Quelles sont les causes de décharge ou réduction ?

79, 80, 81.   Formalités de la demande ?

Quel est le tribunal administratif chargé de statuer sur les demandes en décharge ou en réduction ?

Devant quelle autorité est porté le recours ?

82, 83.   Quelle est l'autorité qui statue sur les demandes en remise ou en modération ?

Peut-on se pourvoir contre l'arrêté du préfet ?

Raison de la compétence du conseil de préfecture dans un cas et du préfet dans l'autre ?

84 Quelle est la compétence en matière de contributions directes ?

Compétence du préfet ?

85 Compétence du ministre des finances ?

86 Compétence du conseil de préfecture ?

87 Compétence du conseil d'État ?

88 Compétence des tribunaux judiciaires ?

89 Que nomme-t-on centimes additionnels ?

Combien d'espèces ?

90 Quelles sont les contributions assimilées aux contributions directes ?

91 Faites connaître l'impôt sur les biens de main-morte.

Par quelle loi a-t-il été établi ?

92 Faites connaître la taxe pour les travaux de salubrité et de dessèchement ?

93, 94. Comment est-il pourvu aux dépenses d'entretien et d'établissement des chemins vicinaux ?

95 Que nomme-t-on des prestations en nature ?

96 Quel est le nombre des journées à fournir par le contribuable ?

Cet impôt ne concerne-t-il que le travail de l'homme?

Peut-il être acquitté autrement qu'en nature?

Est-on présumé avoir opté pour l'acquittement en argent ou en nature?

97   Quelle est l'autorité chargée de fixer la valeur des journées de travail?

CONTRIBUTIONS INDIRECTES.

103   D'où vient le nom de contributions indirectes?

105   Cet impôt existait-il avant la Révolution?

106   Quel nom portait l'administration des contributions indirectes avant 1814?

107   Quels sont les droits sur les boissons?

108   Sont-ils les mêmes pour toutes les boissons?

109   Q. le droit de circulation?

110   Q. *l'expédition*?

111   Q. le congé?

112   Toutes les boissons sont-elles assujetties au droit de circulation?

113   Q. le passavant?

129   Droit de consommation ?

130   Q. le droit de licence ?

132, 133   Quel est l'impôt sur le sel ?

134, 136, 137   Loi du 17 juin 1840 sur l'exploitation des mines de sel.

138   En quoi consiste l'impôt sur les sucres indigènes ?

TITRE X.

Conrs d'eau. (Page 315.)

1   Comment se divisent les cours d'eau ?

2   Les fleuves et rivières navigables sont-ils aliénables ?

Comment les fleuves et rivières sont-ils déclarés navigables et flottables ?

3   Q. le chemin de halage ?

Q. le marche-pied ?

Quelle est la largeur du chemin de halage ?

Q. le sentier de flottage ?

9

4 et 5 Droits des particuliers sur les rivières non navigables ni flottables ?

A qui appartiennent les lits des rivières non navigables ni flottables ?

6 Comment sont réglés les droits des propriétaires riverains?

7 Faites connaître la compétence en cas de difficultés sur cette matière.

8 Comment sont établis les canaux d'irrigation ?

Faites connaître les dispositions de la loi de 1845.

TITRE XI

Domaine national. (Page 321.)

1 Comment divisez-vous le domaine national ?

2 Distinction entre le domaine public et le domaine de l'État ?

3 Q. le domaine public ?

Q. le domaine de l'État ?

6 Distinction entre le domaine public et les choses communes ?

Faites connaître les textes qui énumèrent les choses du domaine public.

7   Les routes départementales et les chemins vicinaux sont-ils du domaine public?

8   Comment est divisé le domaine public?

9   Erreur de l'art. 539, commise en 1807.

10   Comment est administré le domaine public?

Comment peut-il être divisé?

11   Quelles sont les principales dispositions législatives qui concernent le domaine militaire?

Que comprend le domaine militaire?

12   Que nomme-t-on terrains militaires?

13   Q. le rayon de défense?
Combien de zônes comprend-il?

Faites connaître les servitudes auxquelles sont soumises les propriétés privées.

13 *bis*.   Peut-on obtenir des dispenses?

14   Compétence en cas de difficultés?

15   L'État doit-il une indemnité, lorsqu'il construit des places de guerre, à cause des servitudes qui en résultent?

16   Q. le domaine de la couronne?
Q. la liste civile?

Les biens de la couronne sont-ils aliénables?

Sont-ils assujettis à l'impôt?

21 Q. le domaine privé ?

22 Les biens qui le composent sont-ils assujettis à l'impôt ?

24 Que faut-il entendre par biens de l'État?

25 Donnez quelques notions historiques.

26 Quels sont les monuments législatifs qui concernent les forêts ?

27 Faites connaître l'administration forestière.

28 Comment divise-t-on la propriété forestière ?

Quels sont les bois soumis au régime forestier ?

29 Q. la délimitation ?

Par qui peut-elle être requise ?

Quels sont les tribunaux compétents ?

30 Q. l'aménagement?

31 Comment se fait la vente des produits forestiers ?

32 Qui préside l'adjudication ?

33 Comment sont jugées les difficultés qui peuvent s'élever ?

34 Comment se fait l'adjudication ?

35 Que doit faire l'adjudicataire avant de commencer l'exploitation de la coupe?

9.

36 Responsabilité de l'adjudicataire.

Ses obligations.

37 Quelles précautions prend-on pour empêcher les empiétements ?

38 Q. une affectation ?

Qu'a décidé le Code forestier ?

39 Déchéance contre les usines ?

40 Faites connaître les droits d'usage dans les forêts.

41 L'Etat peut-il s'affranchir des droits d'usage ?

Q. le cantonnement ?

A quelles servitudes s'applique-t-il ?

Q. le rachat?

A quelles servitudes s'applique-t-il ?

42 Qu'entendez-vous par état et possibilité des forêts ?

43 Les droits d'usage s'exercent-ils indistinctement sur toute l'étendue de la forêt ?

44 Les troupeaux sont-ils envoyés séparément par leurs propriétaires dans la forêt soumise au droit de pacage ?

45 Les usagers peuvent-ils prendre sans formalités les bois auxquels ils ont droit ?

46 Comment est faite l'exploitation des coupes
usagères ?

47 Obligations imposées aux usagers ?

48 Le partage se fait-il par feu ou par tête ?

49 Deux espèces de bois appartenant aux communes et aux établissements publics ?

50 Qu'est-ce que le quart en réserve ?

51 Comment sont nommés les gardes forestiers ?

52 Formalités des ventes de coupes ?

54 Bois indivis entre les particuliers et l'État ou
les communes et établissements publics ?

55 Q. le martelage ?

56 Servitude relative à l'endiguage du Rhin.

57 Autres servitudes.

58 Défrichement ?
Nous est-il permis de défricher nos bois ?

60, 61 et 62. Quelles sont les formalités à remplir pour obtenir l'autorisation de défricher ?

63 Ne peut-on pas défricher certains bois sans
autorisation ?

64   Quelle administration est chargée de gérer le domaine de l'État?

Comment sont faits les baux?

65   Comment acquiert l'État?

66   Les donations et legs ne doivent-ils pas être autorisés?

67   L'État peut-il acheter des biens sans autorisation du Corps législatif?

68   Les biens de l'État sont-ils susceptibles de prescription?

69   Faites connaître les épaves?

70 et 71   Les biens de l'État sont-ils aliénables?

72   Comment l'État aliène-t-il?

Comment sont faites les ventes?

Comment est recouvré le prix?

73   Q. la concession?

74   Doit-elle être autorisée par le législateur? Exceptions?

Q. la préemption?

Faites connaître des cas de préemption?

75   Comment a lieu l'échange?

76   Q. une action domaniale?

Compétence des tribunaux civils.

Compétence du conseil de préfecture.

77 Par quel fonctionnaire est représenté l'État dans les actions domaniales?

78 La constitution d'un avoué est-elle nécessaire?

Mémoire adressé au préfet par les particuliers qui intentaient l'action.

TITRE XI.

Q. le rayon frontière de mer ?

11 Perception des droits lorsque l'importation se fait par terre ?

Importation par mer ?

12 Exportation. Q. une prime ?

13, 14. Q. l'entrepôt ?

Q. l'entrepôt réel ?

Q. l'entrepôt fictif ?

15 Q. le transit ?

16 Q. le cabotage ?

17 Que nomme-t-on emprunt de territoire ?

TITRE XII

Drainage (Page 361.)

1   Q. le drainage ?

2   Servitudes ?

3   Associations de propriétaires ?

4   Expropriation ?

Règlement de l'indemnité ?

5   Comment sont jugées les difficultés ?

6   Délits, peines.

TITRE XIII.

Enregistrement (Page 364.)

1 Q. l'enregistrement ?

2 De quelle époque date-t-il ?

Quel nom portait-il ?

3 Droits d'insinuation et de centième denier ?

7 A quel époque fut-il organisé ?

8 La loi de 1790 permettait-elle la recherche des mutations secrètes ?

9 Quel était le but de cette loi ?

10 Les actes mentionnés dans d'autres actes étaient-ils assujettis par ce fait seul aux droits ?

11   Loi du 9 vendémiaire an VI ?

12 et 13   Quelles sont les lois qui forment le code de l'enregistrement ?

14   Faites connaître quelques-unes des lois qui ont modifié les tarifs des art. 68 et 69 de la loi de l'an VII ?

15   Tous les actes ne peuvent-ils pas être rangés dans une classification ?

16   Q. le droit fixe ?

17   Q. le droit proportionnel ?

18   Quelle question préliminaire doit être résolue par le receveur ?

19   Règles générales ?

20   Comment peut être considéré le droit fixe ?

21   Quels sont les actes qui motivent, en général, la perception des droits fixes ?

Quels sont ceux qui sont frappés de droits proportionnels ?

22   Combien de droits fixes ?

23   Une seule espèce de droits proportionnels.

24   Le droit proportionnel ne peut-il pas être perçu sans qu'il existe un acte ?

26 Quel est l'effet de l'enregistrement par rapport aux actes sous seing privé?

27 Effet de l'enregistrement par rapport aux actes des notaires?

28 Par rapport aux procès-verbaux?

29 Par rapport aux jugements?

30 Dans quelle disposition de la loi de l'an vii est contenu le principe des droits fixes?

Comment sont tarifés les actes innomés?

32 Quelle espèce de droit engendre, en général, les renonciations?

33, 34 Comment concevez-vous une renonciation autrement qu'au greffe, en présence des art. 784 du code civil, et 997 du code de procédure civile?

35, 36, 37, 38 Ne peut-il pas arriver que la renonciation engendre un droit proportionnel?

39, 40, 41 Renonciation aux legs?

42 Droits sur la renonciation à la communauté?

43, 44 *Quid* si la femme ne renonce pas purement et simplement?

45 Actes contenant exécution?

46   Peut-il arriver qu'un acte motive la perception de plusieurs droits?

47   Quelle est la nature du droit qui frappe l'adjudication à la folle enchère ?

48   A quel droit est tarifé le résiliement ?

Quelles sont les conditions exigées pour que le résiliement ne donne lieu qu'à un droit fixe ?

49   A quel droit sont soumises les délivrances de legs ?

50, 51, 52, 53   Quelle distinction fait la loi fiscale en ce qui concerne les dépôts?

54   Pourquoi la loi a-t-elle frappé les dépôts chez les particuliers comme les emprunts?

Quel est le droit qui frappe le mandat?

57   En principe, le droit sur les ratifications est-il fixe ou proportionnel?

60, 61   Déclaration au profit du prêteur de fonds pour un cautionnement?

62, 64   Droits sur les prestations de serment?

70   Sur quoi sont assis les droits proportionnels?

Règles fondamentales de l'exigibilité?

Pourquoi les droits proportionnels ne sont dus qu'autant que la loi les a prévus?

74 Comment divise-t-on les droits proportionnels?

75 Comment définissez-vous les droits de mutation?

76 Quels sont les droits d'actes?

77, 78, 79, 80, 81 Les lois fiscales sont-elles soumises au principe de non-rétroactivité?

82, 83, 84, 85, 86 Le contrat nul est-il assujetti à l'impôt?

87, 88, 89, 90, 91, 92, 93 L'impôt qui a été perçu malgré la nullité est-il restituable?

94 La condition suspensive suspend-elle la perception du droit?

95 La condition résolutoire empêche-t-elle la perception du droit?

100 Le droit sur la transaction est-il fixe ou proportionnel?

101 Ce droit ne peut-il pas être proportionnel dans certains cas?

111 Quel est le droit sur le prêt d'argent?

112 Le prêt de choses fongibles autres que l'argent est-il tarifé?

113 Le prêt à usage est-il tarifé ?

117 Quel est le droit sur le cautionnement?

121 Est-il dû un droit pour chaque caution?

Les certificateurs ou cautions de cautions sont-ils soumis au droit?

Pourquoi les débiteurs solidaires ne sont-ils tenus que d'un seul droit ensemble, tandis que les cautions sont tenues de droits distincts?

127, 128 Cautionnement des comptables?

130 Droit sur le gage?

131, 132 Indemnité, dommages-intérêts ?

133 Quelles causes de perception présente la novation?

Quel est le droit à percevoir?

134-143 Délégation.

144 Comment est tarifée la cession de créance?

145 Comment est considérée la rétrocession ?

146. La dation en paiement?

257 N'y a-t-il pas des règles particulières pour le contrat de mariage?

259, 260 A quel droit sont soumis les apports des époux?

262 Déclaration de remploi?

263 Dissolution de la communauté?

Renonciation de la part de la femme?

265 *Quid* si les créanciers obtiennent la nullité de la renonciation?

266 Renonciation faite sous certaines conditions?

267 Y aurait-il acquisition si les reprises ne s'exerçaient pas dans l'ordre déterminé par l'art. 1471 du Code civil?

268 La femme exerce ses reprises comme créancière. Conséquences au point de vue fiscal?

270 La clause de communauté universelle ou à titre universel est-elle sujette à un droit spécial?

271 *Quid* de la clause d'ameublissement?

273 *Quid* de la clause de réalisation?

274 *Quid* de la communauté réduite aux acquêts?

275   *Quid* de la séparation de dettes

276   *Quid* du préciput ?

277   *Quid* du partage de la communauté par portions inégales ?

278   *Quid* du forfait de communauté ?

279   La stipulation d'exclusion de communauté ou de séparation de biens est-elle sujette à un droit spécial ?

280   *Quid* de la séparation judiciaire ?

288   L'acte qui rétablit la communauté dissoute est-il sujet à un droit fixe ou à un droit proportionnel ?

289   L'estimation de la dot mobilière, qui vaut vente, est-elle soumise au droit proportionnel ?

290 et 291   *Quid* de l'estimation de la dot immobilière ?

292   Reconnaissances et délivrances de dots.

293   Est-il dû un droit lorsque le survivant des père ou mère constitue à son descendant une dot pour biens paternels et maternels, aux termes de l'art. 1545 du Code civil ?

249   *Quid* si le père constituait à son enfant une

somme pour tous droits dans la succession maternelle ?

296 Les constitutions à titre onéreux sont-elles soumises à un droit particulier ?

298 A quel droit donnent ouverture les donations entre époux par contrat de mariage ?

300 Donations éventuelles entre époux ?

301 A quel droit donnent lieu les donations entre époux pendant le mariage ?

303 Donations aux époux par des tiers ?

308, 309 Modifications apportées au contrat de mariage ?

310 Le droit perçu sur le contrat de mariage est-il susceptible de restitution ?

311 Droit à percevoir sur les contrats de société ?

312 Ne peut-il pas arriver que des clauses du contrat de société soient sujettes à un droit particulier ?

313, 314 Dissolution de la société.

315 Les billets à ordre et les lettres de change sont-ils soumis aux droits d'enregistrement ?

316 **A** quel droit peut être sujet le billet à ordre?

A quel moment ce droit devient exigible?

316 **A** quel droit peut être sujette une lettre de change ?

A quel moment ce droit est-il exigible?

320 Endossement, aval, cautionnement?

321 Les dons manuels sont-ils soumis aux droits?

322 Donations.

323 Droits sur les donations? (Voir une rectification aux *errata*.)

324 Considère-t-on l'alliance pour la détermination des droits ?

325 *Quid* d'une donation faite à une succession ?

327 Quelles sont les conditions d'exigibilité des droits pour les donations ?

328 *Quid* de la ratification d'une donation (art. 1340) ?

329 *Quid* si la donation emprunte le caractère d'un contrat à titre onéreux?

330 Le payement d'une pension alimentaire imposée par la loi est-elle soumise au droit de donation ?

331 *Quid* des rapports faits par les héritiers aux successions ?

332 Démission de biens par les ascendants ?

334 Successions.

337 *Quid* si la succession est acceptée sous bénéfice d'inventaire ?

337 Droits sur les testaments et les legs.

340 Quelle obligation est imposée aux héritiers et légataires ?

338, 339, 340 Dans quel délai doit être faite la déclaration ?

Dans quel délai doit être enregistré le testament ?

Rentes sur l'Etat ?

341, 342 A quels droits sont soumis les jugements ?

343, 344 Q. la liquidation ?

345, 348 Sur quelles valeurs sont perçus les droits ?

Tient-on compte des fractions?

Quel est le moindre droit ?

350 · Distinctions?

351 Liquidation quand il s'agit de ventes de meubles?

352 Liquidation quand il s'agit de ventes d'immeubles?

353 Liquidation quand il s'agit de donations ?

354 Liquidation pour les libérations ?

356 Pour les obligations de sommes?

357 Pour les rentes?

358 Liquidation quant il s'agit de l'usufruit constitué à titre gratuit ?

359 Quand il s'agit d'usufruit constitué à titre onéreux ?

360 Quand il s'agit de l'usage et de l'habitation?

361 Quand il s'agit de baux ?

365 Quand il s'agit d'engagement d'immeubles?

366 Comment se fait la liquidation lorsque le prix n'est pas exprimé ?

367, 369 Liquidation pour l'échange ?

370 Expertise (art. 17, 18 et 19 de la loi du 22 frimaire an VII.)

371 Dans quels délais devront être enregistrés les actes authentiques ?

373 Dans quels délais devront être enregistrés les actes sous-seing privé ?

374 N'y a-t-il pas des actes qui ne sont pas soumis à des délais de rigueur ?

376 Déclaration en cas d'absence ?

377 Sanctions ?

378 Contre-lettres ?

375, 376 Actes faits en conséquence d'autres actes ?

377 Tenue des répertoires ?

377 Faites connaître les prescriptions établies par la loi contre le trésor ?

379 Actes enregistrés en *débet* ?

Actes enregistrés *gratis* ?

Actes exemptés d'enregistrés ?

380 Faites connaître la compétence en cas de difficultés ?

La procédure est-elle soumise aux règles ordinaires ?

TITRE XIII

Etablissements dangereux, incommodes, insalubres (Page 501.)

1, 2, 3, 4 Quels sont les décrets et ordonnances qui règlementent cette matière?

5, 6 Si le préfet refuse l'autorisation demandée, devant quelle autorité doit être porté le recours ?

7 Devant quelle autorité sont portées les oppositions des particuliers?

8, 9, 10, 11 Compétence du conseil de préfecture ?

Compétence du sous-préfet ?

A Paris ?

TITRE XIV

Expropriation pour cause d'utilité publique. (Page 504.)

1 L'expropriation pour cause d'utilité existait-t-elle avant la Révolution de 1789 ?

2 Constitution de 1791 ?

Constitution de 1793 ?

3 Art. 545 du code civil ?

4 Loi du 28 pluviose an VIII ?

5 Loi du 16 septembre 1807 ?

6 Loi du 8 mars 1810 ?

7 Charte de 1814 ?

8   Loi du 7 juillet 1833. Quelles sont les dispositions principales de cette loi?

9   Loi du 3 mai 1841?

En combien de périodes peut-on diviser les formalités de l'exprorpriation pour cause d'utilité publique?

12   Comment sont décrétés les travaux publics?

14   Enquête *de commodo et incommodo*?

15   Quelles sont les formalités qui suivent le décret qui ordonne les travaux?

16   Q. le plan parcellaire?

17   Q. la commission d'arrondissement?

18   A quoi est relatif l'arrêt du préfet?

Recapitulez les formalités qui précèdent l'expropriation?

19   Cession à l'amiable?

22   S'il n'y a pas de cession à l'amiable, comment sera prononcé l'expropriation?

23   En quoi consiste le rôle du tribunal?

24   *Quid* si le propriétaire ne combat pas l'ex-

propriation, mais refuse l'indemnité comme insuffisante ?

25   Que devient le jugement ?

26   Les priviléges et hypothèques peuvent-ils être inscrits après la transcription ?

27, 28, 29   Quelles sont les voies de recours contre le jugement.

30   *Quid* si l'administration, après l'arrêté du préfet, ne poursuivait pas l'expropriation ?

31, 36   **A** qui est imposé l'obligation de faire connaître les ayant droit à l'indemnité ?

Par qui sont réglées les indemnités ?

37   Comment est composée la liste générale du jury ?

Quel est le nombre des jurés pour le département de la Seine ?

A Lyon (200) ?

Quel est le nombre des jurés de la liste spéciale ?

39   Sous quelle direction opèrent-ils ?

40   Convocation ?

41   Fonctions obligatoires. — Sanction ?

65   Expropriation partielle des terrains. N'y a-t-
il pas une restriction?

67   Peut-on refuser une indemnité à celui à qui
l'exécution des travaux procurerait une plus value
supérieure à la perte qu'il éprouve?

6   Paiement préalable à la prise de possession?

69   Dispositions diverses?

72, 73   En quoi diffère l'expropriation en cas
d'urgence de l'expropriation ordinaire?

74, 75   Travaux militaires, règles particulières.

TITRE XIV.

Greffe. (Page 237.)

1 Droits de greffe.

Loi du 21 ventôse an VII et 23 juillet 1820.

3 Trois espèces de droits.

TITRE XV.

Hypothèques et transcriptions. (Page 538.)

1 Quel est le droit sur les hypothèques?

2 Transcription.

3 Loi du 23 mars 1855.

TITRE XVI.

Imprimerie, librairie, colportage.(Page 539.)

1 Édit de François Ier.

Édit du 28 février 1723.

2 Quelle est la législation en vigueur?

Obligations imposées aux imprimeurs.

Leur brevet peut-il etre retiré?

Peines contre les possesseurs d'imprimerie clan-
destine.

Presses de petites dimensions (décret du 22 mars 1852).

Librairie. Législation de la librairie.

Obligations imposées.

L'auteur qui vend ses livres est-il libraire?

Colportage. Loi du 27 juillet 1849.

TITRE XVII.

1 Édit de 1599.

Loi du 5 janvier 1691.

2 Le directoire de département décrétait alors le desséchement.

3 Pourquoi la loi de 1791 resta sans effets utiles ?

4 Quelle est la loi qui régit actuellement la matière ?

5 En combien de périodes peut-on diviser le desséchement d'un marais ?

6 Un propriétaire peut-il faire dessécher son marais lui-même et de sa propre autorité ?

Par qui sont desséchés les marais ?

7 Le propriétaire ne peut-il pas obtenir la préférence ?

Par quel acte sont faites les concessions ?

8 Quelles sont les mesures qui précèdent l'exécution des travaux ?

9 Faites connaître la commission administrative.

Quelle est la compétence ?

10 Faites connaître le syndicat des propriétaires.

11 Experts.

Comment sont-ils nommés ?

12 Comment classe-t-on les terrains à dessécher ?

Quel peut être le nombre des classes ?

14 Marais pendant le desséchement.

15 Marais après le desséchement.

16 Indemnité.

Sur quoi se prend-elle ?

Quelle différence, au point de vue de l'indemnité, entre le cas où il est fait par l'État et celui où il est entrepris par une compagnie?

Les propriétaires sont-ils tenus d'abandonner au dessécheur sa part de plus-value en nature?

Quelle faculté ont-ils?

17   Comment sont garanties les indemnités?

18   Travaux d'entretien.

TITRE XVII.

Marchés. (Page 553.)

1 Comment sont faits les marchés au nom de l'État?

2 Ne peuvent-ils pas, dans certains cas, être faits à l'amiable?

Des cautions ne doivent-elles pas être fournies?

3 Combien de modes d'adjudication?

4 Q. le cahier des charges?

TITRE XVIII.

Marques de fabrique. (Page 554.)

1, 2, 3   Notions historiques.

3 et 4   Quelle est la loi qui régit actuellement la matière ?

4 et 5   La marque est-elle obligatoire ?

6   Q. une marque de fabrique ?

7   A quelles conditions est soumise la conservation de la marque ?

8   Les étrangers peuvent-ils être propriétaires de marques en France ?

13.

TITRE XIX.

Mines, minières et carrières, (Page 558.)

1 Ordonnance de 1413, édits de Henri II, édits de 1601, de 1722?

2 Que fit l'Assemblée constituante ?

3 L'art. 552 du Code civil.

3 Quelles sont les lois en vigueur actellement?

Quel est le caractère important de la loi de 1810 ?

5 Comment divisé-t-elles les substances miné-rales ou fossiles?

6 A qui appartiennent les mines?

7   Quel est le caractère du droit de concession?

Les ustensiles et les chevaux employés pour l'exploitation sont-ils meubles ou immeubles?

Les matières extraites sont-elles meubles ou immeubles ?

8   Est-il permis à tout le monde de rechercher des mines?

9   Qui peut obtenir la concession d'une mine?

10   Formalités pour obtenir la concession ?

11   Comment la concession est-elle faite ?

Effets de la concession accordée?

12   Certaines personnes ne sont-elles pas préférées à d'autres?

Quel est le caractère de cette préférence?

13   L'exploitation d'une mine est-elle une opération commerciale ?

14   A quels impôts sont soumises les mines ?

15 Compétence pour les demandes en décharge ou réduction, remise ou modération?

16   Droits du propriétaire de la surface?

17 Qui surveille l'exploitation dans l'intérêt général?

18   Comment est prononcé le retrait des concessions.

19, 20   Dispositions de la loi de 1838 ?

21   Le préfet ne peut-il pas prononcer la suspension des travaux dans certains cas ?

22   Minières ?

23   L'exploitation dépend-t-elle d'une concession ?

23   Droits des propriétaires de forges ? Leurs obligations ?

Compétence en cas de contestations entre les propriétaires de forges ?

25   Comment est donnée l'autorisation d'exploiter le minerai dans les forêts de l'État, des communes et établissements publics ?

26   L'exploitation des carrières est-elle soumise aux formalités exigées pour l'exploitation des mines ?

Quid pour les tourbières ?

TITRE XX

Monopoles publics. (Page 571)

1   Quels sont ces monopoles ?

2   Donnez quelques notions sur les tabacs.

3   Parlez des cartes à jouer; obligations des fabricants ?

4   Poudre?

5   Quel est le but de la loi en soumettant à la marque les objets d'or et d'argent?

Q. les essayeurs et les contrôleurs ?

6   Donnez quelques notions sur les postes.

TITRE XXI

Naturalisation. (Page 575.)

1   Quelle est la loi qui régit cette matière ?

Combien d'espéces de naturalisation ?

2   Quelles sont les conditions exigées pour la naturalisation ordinaire ?

Comment est prononcée la naturalisation ?

3   Quelles sont les formalités de la naturalisation extraordinaire ?

A qui est-elle accordée ?

14

4 La loi de 1849 n'exigeait-elle pas un avis favorable du conseil d'État?

Cette condition existe-t-elle encore ?

5 Q. la grande naturalisation ?

Quelles sont les formalités pour l'obtenir ?

TITRE XXII

Octrois. (Page 577.)

1   Q. l'octroi?

D'où lui vient son nom?

A quelle époque les octrois ont-ils été abolis ?

2   N'ont-ils pas été rétablis?

3   Quelles sont les dispositions du règlement du 17 mai 1809.

Réglement du 8 février 1812?

Règlement du 8 décembre 1814?

4   Quels sont les modes d'administration des

octrois prévus par la loi du 28 avril 1816, qui est actuellement en vigueur?

Q. la régie simple ?

Q. la régie intéressée?

Q. le bail à ferme?

Q. L'abonnement ?

5 L'État a-t-il encore le droit de prélever un dixième sur les produits des octrois?

Quels objets sont soumis aux droits ?

Comment sont établis les octroi ?

TITRE XXIII

Presse périodique. (Page 580.)

1 et 2   Quelle est la date du décret organique

Est-il permis de créer un journal ?

Quelles sont les conditions exigées ?

3   Peines.

4   Impôt du timbre.

5   Les journaux littéraires sont-ils toujours
exempts du timbre ?

6   Les journaux peuvent-ils être suspendus et
supprimés ?

Dans quels cas ?

TITRE XXIV.

Prises maritimes. (Page 583.)

1. Q. une prise maritime?

Que nomme-t-on lettres de marque?

Q. un corsaire?

2 La course existe-t-elle encore?

Principes contenus dans le traité du 30 mars 1856?

3 Comment étaient régies les prises avant 1789?

Notions historiques.

4 Faites connaître les dispositions de l'arrêté du

7 germinal an VIII?

Distinctions?

8   Comment étaient jugées les prises d'après l'ordonnance du 23 août 1815?

9   Comment était composé le conseil des prises créé par le décret du 14 juillet 1854?

Devant quelle autorité pouvait-on se pourvoir contre les décisions du conseil des prises ?

10   Comment délibère le conseil d'État?

11   Quels navires sont de bonne prise ?

TITRE XXV.

Propriété littéraire et artistique.
(Page 588.)

1   Quelle est la nature du droit des auteurs?

2   A quelle époque a-t-on commencé à protéger
la propriété littéraire?

Notions historiques jusqu'en 1789?

4   Droits des auteurs dramatiques?

5   Propriété littéraire et artistique en général?

Quelle est la loi fondamentale?

Quelles sont les principales dispositions de cette
loi?

6   Faites connaître le décret du 5 février 1810?

Faites connaître la loi du 3 août 1844 ?

7   Faites connaître la loi du 8 avril 1854?

7 *bis*.   Lorsqu'un auteur laisse plusieurs enfants qui décèdent successivement, que deviennent leurs droits?

Lorsqu'un ouvrage se compose d'articles distincts formant un tout, ces articles tombent-ils séparément dans le domaine public?

8 Objets du droit des auteurs?

Quid de l'annotation d'un ouvrage tombé dans le domaine public?

Quid de l'abrégé d'un ouvrage tombé dans le domaine public?

Quid de la traduction?

Quid des articles des journaux?

Quid des leçons des professeurs?

10   *Quid* des discours religieux ou autres?

11   *Quid* des livres d'église?

12   Dépôt?

13   Cession?

14   Lorsqu'un auteur a vendu *ses droits*, cette expression comprend-elle toutes les éditions ou une seulement?

15   L'artiste qui vend un tableau a-t-il le droit de le reproduire par la gravure?

15   L'auteur qui vend ses livres est-il commerçant?

18   Les étrangers jouissent-ils en France des droits garantis par les lois françaises aux auteurs français? *oui, sous cond. de dépôt*

19   Poursuites? *Auteur. Cession. ou M.P*

Compétence? *civ. ou Correct-*

TITRE XXVI.

Théâtres. (Page 599.)

Loi du 19 janvier 1791 ?

Décret du 8 juin 1806 ?

2   Décret du 6 mars 1848 ?

Loi du 3 juillet 1850 ?

Comment est administré l'Opéra ?

Quels sont les théâtres subventionnés ?

Faites connaître les droits des pauvres ?

TITRE XXVII

Timbre. (Page 601.)

1 A quelle classe d'impôts appartient l'impôt du timbre?

Combien d'espèces de timbres?

Q. le timbre de dimension?

Q. le timbre proportionnel?

2 Tarifs?

3 Timbre proportionnel pour les lettres de change, billets, etc.?

Loi du 1er juillet 1850?

4 Q. le timbre extraordinaire?

5 Q. le visa pour timbre?

6 Timbre des journaux, affiches et annonces?

TITRE XXVII

Travaux publics. (Page 606.)

1 Principaux textes à consulter.

2 Compétence du conseil de préfecture.

3 Combien d'espèces de dommages ?

Q. le dommage temporaire ?

Q. le dommage permanent ?

Controverse.

4 Le conseil de préfecture est-il compétent dans tous les cas où des dommages sont causés par suite de travaux publics ?

5 Contestations entre l'administration et l'entrepreneur.

15.

6 Difficultés entre l'entrepreneur et les tiers.

7 L'autorité administrative est-elle compétente pour statuer sur les difficultés engendrées par les marchés des entrepreneurs avec les tiers?

Quelle est l'autorité compétente pour désigner les propriétés qui doivent souffrir les extractions de matériaux?

8 Quelles sont les règles sur l'étendue de l'indemnité réclamée par les propriétaires?

TITRE XXIX.

Voirie. (Page 610.)

1   Q. La voirie?

Comment la divise-t-on ?

2   Que comprend la grande voirie ?

3   Q. l'alignement?

Celui qui construit sans avoir obtenu l'alignement est-il assujetti à la démolition préalable ?

4   Quelle est l'autorité qui donne les alignements pour la grande voirie ?

5   Quelle est la largeur des routes ?

6   Faites connaître les dispositions de la loi du 9 ventôse an IX.

Faites connaître celles du décret de 1811.

L'ordonnance de 1825.

7 Résumez la législation en ce qui concerne les arbres plantés?

8 Faites connaître les dispositions relatives aux fossés qui bordent les routes?

9 L'art. 640 du Code civil est-il applicable en matière de voirie ?

13 Faites connaître les principales dispositions de la loi du 15 juillet 1845, relative aux chemins de fer.

16 Faites connaître les principales dispositions législatives qui concernent la voirie de Paris.

17 Que comprend la petite voirie ?

18 Quelle est l'autorité qui reconnaît les chemins vicinaux de grande communication ?

19 Quelle est l'autorité chargée de reconnaître les chemins vicinaux de petite communication ?

Quelle différence y a-t-il entre l'arrêté du préfet qui reconnaît un chemin vicinal et l'arrêté qui établit un chemin vicinal ?

21 Quelle est l'autorité qui juge les délits de grande voirie ?

Quelle est l'autorité qui juge les délits de petite voirie?

22 Quels sont les délits dont connaît le conseil de préfecture ?

23 Dommages-intérêts dûs aux particuliers?

23 Question préjudicielle de propriété en cas d'anticipation.

FIN DU QUESTIONNAIRE.

RÉSUMÉ.

TITRE PRÉLIMINAIRE.

On distingue, chez les peuples qui jouissent de quelque liberté, trois pouvoirs : le pouvoir législatif, le pouvoir exécutif et l'autorité judiciaire. Nous n'avons pas à nous occuper du pouvoir législatif et de l'autorité judiciaire. Quant au pouvoir exécutif, nous n'avons à nous en occuper qu'au point de vue du droit administratif.

Le droit administratif peut être défini : l'ensemble des dispositions qui règlent les rapports des administrés avec les administrateurs.

L'objet de nos études se divise en deux parties : 1º Les autorités administratives, 2º les matières administratives.

On entend par matières administratives celles qui sont comprises dans les attributions des autorités administratives et qui correspondent aux besoins de l'État.

Ces besoins regardent le bien-être moral et matériel.

L'administration est active, consultative et contentieuse, c'est-à-dire qu'elle a des agents, des conseils et tribunaux.

Les agents sont directs ou indirects.

Les agents directs sont : L'Empereur, les ministres, les préfets, les sous-préfets et les maires.

Les autres sont des agents auxiliaires.

Les conseils sont : le conseil d'État, les conseils de Préfecture, les conseils-généraux, les conseils d'arrondissement et les conseils municipaux.

Les tribunaux sont : le conseil d'État, les conseils de Préfecture, la cour des Comptes, les conseils de révision, le conseil supérieur de l'instruction publique, et différentes commissions temporaires comme le conseil des prises et les commissions pour les desséchements de marais.

PREMIÈRE PARTIE.

AUTORITÉS ADMINISTRATIVES.

TITRE PREMIER.

L'Empereur. — Résumé.

L'Empereur réunit trois espèces d'attributions : 1º attributions de souveraineté, 2º attributions législatives, 3º attributions administratives.

Nous n'avons à nous occuper que des attributions administratives, qui se divisent en attributions administratives pures et attributions contentieuses. Les actes qui correspondent aux attributions administratives se nomment décrets.

Les décrets sont généraux ou spéciaux.

Les décrets généraux sont les règlements d'administration publique.

Les décrets spéciaux sont les décrets rendus dans la forme des règlements d'administration

publique, les décrets sur le rapport d'un ministre et les décrets au contentieux.

Les règlements d'administration publique ré-
glent des détails, des mesures d'exécution. Ils
diffèrent, sous ce rapport, des lois qui ont un
caractère *initial* , c'est-à-dire qui posent des
principes.

Le règlement d'administration publique remplit quelquefois cependant l'office des lois. Ainsi
les tarifs des douanes peuvent être modifiés et établis par des règlements d'administration publique.

Un caractère essentiel de ces règlements est
qu'ils doivent être délibérés en assemblée générale du conseil d'État.

Les décrets rendus dans la forme des règlements d'administration publique, diffèrent de
ces règlements en ce qu'ils sont relatifs à un objet particulier ; ainsi, c'est par un décret de cette
espèce que sont faites les concessions de mines.

On dit qu'ils sont rendus dans la forme des
règlements d'administration publique parce qu'ils
doivent être délibérés en conseil d'État.

Les décrets au contentieux seront l'objet d'un
examen ultérieur.

TITRE II

Ministres.

MINISTRES. — RÉSUMÉ ET SUPPLÉMENT.

Un ministre est un fonctionnaire chargé par le chef du gouvernement d'administrer une branche des affaires de l'État.

Avant la Révolution, les attributions des ministres étaient réglées autrement qu'aujourd'hui. En outre de certaines affaires spéciales, ils étaient chargés de l'administration de provinces entières. Mais la loi du 27 avril 1791 régla leurs attributions d'après l'analogie que présentent les affaires, c'est-à-dire d'une manière beaucoup plus rationnelle. Cette loi, malgré les modifications qu'elle a subies, est encore la loi fondamentale en cette matière.

Sous les gouvernements parlementaires de

1791, de 1814, 1830 et 1848, les ministres formaient un conseil dans lequel étaient délibérées les affaires importantes et ils étaient solidairement responsables. Aujourd'hui, ce conseil n'existe pas. Sans doute, ils peuvent se réunir pour s'éclairer réciproquement, mais les conseils qu'ils tiennent n'engendrent aucune responsabilité collective : chaque ministre est responsable de ses actes séparément.

Les ministres sont au nombre de dix : 1° justice, 2° affaires étrangères ; 3° guerre ; 4° marine ; 5° intérieur ; 6° agriculture, commerce et travaux publics ; 7° instruction publique et cultes ; 8° finances ; 9° ministère d'État et de la maison de l'Empereur ; 10° Algérie et colonies.

Les ministres exercent leurs fonctions de deux manières : 1° en contre signant les actes de l'Empereur, 2° en exerçant un pouvoir propre. Dans le premier cas, on dit qu'ils agissent comme secrétaires d'État ; de là l'expression *ministres secrétaires d'État.*

Leur pouvoir propre comprend des attributions administratives pures et des attributions contentieuses.

Leurs attributions administratives sont les plus nombreuses.

En matière contentieuse, ils sont juges de droit commun.

Un juge ou tribunal de droit commun est celui qui peut juger toutes les affaires qui ne sont pas attribuées à un autre juge, par opposition au juge ou tribunal d'exception qui ne peut juger que les affaires qui lui sont attribuées.

On peut définir le contentieux administratif, le débat entre un droit privé et l'administration à l'occasion d'un acte administratif.

Il faut que le *droit* soit lésé ou prétendu lésé. Un *intérêt* lésé n'engendrerait pas un débat contentieux.

Ainsi le ministre rejette la réclamation d'un individu qui se prétend créancier de l'État. Cette prétention est contentieuse.

Un acte de l'Empereur nomme de nouveaux agents de change, des notaires, des avoués, l'intérêt seulement des anciens est lésé, l'affaire n'est pas contentieuse.

Il importe de distinguer une affaire administrative d'une affaire contentieuse. Dans le premier cas, celui dont l'intérêt serait froissé ne pourrait se pourvoir que par *voie gracieuse*, c'est-à-dire au ministre lui-même, ou à l'Empereur.

16.

Dans le second cas, le recours au conseil d'État est possible.

Il y a procès suivant les règles que nous verrons dans le titre suivant.

On peut se pourvoir contre les décisions des ministres, en matière contentieuse, par l'opposition, la tierce opposition et l'appel.

L'appel est porté au conseil d'État. Il est recevable dans les trois mois à partir de la notification de la décision.

Les décisions des ministres emportent hypothèque.

TITRE III.

Conseil d'État.

Conseil d'État. — Résumé.

L'origine du conseil d'État est dans l'ancien conseil du roi.

Son organisation actuelle, réglée par le décret du 25 janvier 1852, a été, sous beaucoup de rapports, calquée pour ainsi dire sur le conseil d'État du consulat et de l'empire.

Il est maintenant composé d'un président, de quarante à cinquante conseillers en service ordinaire, de dix-huit conseillers en service ordinaire hors sections, de vingt conseillers en service extraordinaire, de quarante maîtres des requêtes, de quatre-vingts auditeurs et d'un secrétaire-général.

Pour délibérer, il se forme en assemblée ou en sections.

Il y a deux espèces d'assemblées : L'assemblée générale du conseil d'État et l'assemblée du contentieux.

Les sections sont au nombre de six : 1º législation, justice et affaires étrangères, 2º contentieux, 3º intérieur, instruction publique et cultes, 4º travaux publics, agriculture et commerce, 5º guerre, marine et colonies, 6º finances.

Le conseil d'État n'a pas de pouvoir propre; il ne donne que des avis.

Les décrets rendus sur l'avis de l'assemblée générale du conseil d'État portent : le conseil d'État entendu.

Les décrets rendus sur l'avis de l'assemblée du contentieux : le conseil d'État au contentieux entendu.

Enfin, les décrets rendus sur l'avis d'une ou plusieurs sections : telle section entendue, ou telle et telle section entendues.

Certaines affaires peuvent être traitées dans les sections, d'autres doivent nécessairement être délibérées dans les assemblées.

Les attributions du conseil d'État sont législatives, administratives et contentieuses.

Attributions législatives.

L'Empereur a l'initiative des lois. Les projets
sont préparés au conseil d'État. Les amendements
que le Corps législatif peut proposer sont également
ment portés au conseil d'État qui les rejette ou les
admet.

Attributions administratives.

Certaines affaires peuvent être traitées dans les
sections ; d'autres doivent nécessairement être
portées à l'assemblée du conseil d'État.

Parmi ces dernières sont les règlements d'administration
ministration publique, les décrets pour l'établissement
sement des routes, canaux, chemins de fer, etc.
Les naturalisations, l'autorisation de poursuivre
les agents du gouvernement, les appels comme
d'abus, etc. C'est le décret du 30 janvier 1852,
portant règlement intérieur du conseil d'État,
qui a déterminé les affaires qui doivent être portées
tées à l'assemblée générale du conseil d'Etat.

Attributions contentieuses.

Le conseil d'État est juge de droit commun,
pour le contentieux administratif, mais pour l'ap-

pel seulement. Nous avons dit que les ministres étaient juges de droit commun, en premier ressort.

Les affaires sont préparées à la section du contentieux et soumises ensuite à l'assemblée du contentieux.

La publicité règne depuis l'ordonnance du 2 février 1831 dans les séances du conseil d'Etat, au contentieux,

Des avocats au conseil présentent les défenses orales, et trois maîtres des requêtes sont chargés de remplir le rôle du ministère public dans le contentieux du conseil d'Etat.

Nous savons que le conseil d'Etat ne juge pas mais qu'il donne des avis, à la différence du conseil d'Etat de 1848, qui avait un pouvoir propre et jugeait.

Le conseil d'Etat peut être considéré, 1° comme tribunal de premier et dernier ressort, 2° comme tribunal d'appel, 3° comme Cour de cassation.

La compétence du conseil d'Etat considéré comme tribunal de premier et dernier ressort, est relative aux majorats, à la banque de France et aux conflits.

Le conseil d'Etat considéré comme tribunal d'appel, connait de l'appel interjeté contre les décisions des ministres, les arrêtés des conseils de préfecture, ceux des préfets, les décisions de certaines commissions spéciales.

Le conseil d'Etat remplit le rôle de Cour de cassation .1° en cas de recours pour incompétence ou excès de pouvoir, contre toutes les décisions administratives; 2° en cas de recours pour violation des formes et de la loi; 3° dans les questions de compétence qui peuvent s'élever entre les autorités administratives en matière contentieuse.

La procédure a été réglée, par le décret du 22 juillet 1806 qui est encore en vigueur.

Ce décret distingue si les instances sont introduites à la requête des particuliers ou de l'État. Dans le premier cas, elles sont introduites par une requête signée d'un avocat ; dans le second cas, par lettre du ministre.

Le ministère de l'avocat n'est pas toujours nécessaire. Ainsi l'Etat n'est pas obligé de consituer avocat. Les particuliers mêmes en sont quelquefois dispensés. Ainsi, en matière de recours contre un arrêté du conseil de préfecture relatif à une demande en décharge ou en réduction des contributions directes, ils ne sont pas tenus de constituer avocat. Il en est de même en matière d'élections pour le conseil général, le conseil d'arrondissement et le conseil municipal.

Les avocats au conseil d'État, qui sont en même temps avocats à la cour de cassation, sont des espèces d'avoués-avocats.

SUPPLÉMENT.

Le conseil d'État a une juridiction de haute-police sur les fonctionnaires publics.

Cette juridiction avait été créée par le décret du 11 juin 1806. Elle ne fut pas exercée sous les gouvernements qui se succédèrent après l'Empire jusqu'à la République, époque à laquelle elle fut rétablie. Le décret du 30 janvier 1852 l'a maintenue. Lorsque la conduite d'un fonctionnaire est signalée à l'Empereur comme reprochable, elle peut être déférée à une commission composée d'un président de section et de deux conseillers. Cette commission informe et peut même appeler le fonctionnaire devant elle. Un rapport est fait à l'Empereur, à la suite duquel le fonctionnaire peut être renvoyé purement et simplement comme inculpé à tort, ou bien être destitué, suspendu et même traduit devant les tribunaux suivant les circonstances.

TITRE IV

Cour des comptes.

Cour des comptes. — Résumé.

La Cour des comptes a été créée, en principe, par la loi du 16 septembre 1807 et organisée par le décret du 28 du même mois.

Elle est composée d'un premier président, de trois présidents, de dix-huit conseillers-maîtres, de quatre-vingts référendaires et d'un nombre d'auditeurs qui ne peut excéder vingt.

Les conseillers-maîtres jugent les comptes et forment trois chambres ou sections.

Notre système de comptabilité publique repose sur la distinction entre l'ordonnateur et le comptable.

L'ordonnateur est celui qui donne ordre de

payer ; le comptable est celui qui effectue le paiement.

La cour n'a pas de juridiction sur les ordonnateurs mais seulement sur les comptables.

Elle peut faire à ces derniers une des trois situations suivantes :

1º Ou bien les déclarer quittes ; 2º ou les déclarer en débet ; 3º ou bien enfin les déclarer en avance.

La Cour des comptes juge, en général, en dernier ressort ; cependant elle est tribunal d'appel contre les arrêtés des conseils de préfecture qui jugent en premier ressort les comptes des comptables des communes et établissements publics dont les revenus n'excèdent pas trente mille francs.

Les arrêts de la Cour des comptes peuvent être attaqués en cassation devant le conseil d'État.

Administration départementale.

Administration départementale.— Résumé

La loi du 22 décembre 1789 réorganise l'administration de la France et crée les divisions territoriales nouvelles : les départements et les districts; les communes sont maintenues.

L'administration du département se compose d'un conseil, d'un directoire et d'un procureur général syndic. L'action et le contentieux appartiennent au directoire, la délibération au conseil.

La Constitution de l'an III supprime les districts, établit des directoires de département et organise les administrations cantonales.

La Constitution de l'an VIII introduit le système actuel : préfet, conseil de préfecture et conseil général, conseil d'arrondissement (districts

rétablis) et sous-préfet, maire et conseil municipal.

Le préfet remplit les fonctions administratives
des anciens directoires et le conseil de préfecture
leurs attributions contentieuses. Le conseil général correspond au conseil de département
de 1789.

Le département n'était pas une personne morale à sa création ; il ne pouvait donc acquérir,
être débiteur, créancier, etc.

Il en était de même de l'arrondissement. La
commune avait conservé sa personnalité.

En 1811, un décret impérial concéda des édifices aux départements et aux arrondissements,
c'était les ériger en personnes morales. C'était
ainsi du moins pour le département, car pour
l'arrondissement il y avait controverse. La loi
du 10 mai 1838 leva tous les doutes en ne con-
servant pas la personnalité des arrondissements.

Une grande question est celle de la centralisa-
tion et de la décentralisation.

On distingue la décentralisation politique et la
décentralisation administrative.

Le régime politique est celui de la centralisa-
tion. Le régime de décentralisation de la Suisse,

divisée en cantons et celui des États-Unis en États, ne conviennent pas à la France monarchique ou républicaine. Tout le monde est d'accord sur ce point. Mais on l'est beaucoup moins en ce qui concerne la décentralisation administrative. On prétend que le gouvernement qui est bien placé pour administrer l'ensemble, l'est très-mal pour administrer les parties. Il faudrait donc, dans ce système, augmenter les pouvoirs des conseils généraux et municipaux.

Dans l'autre système, on dit que la décentralisation affaiblirait le gouvernement sans améliorer le sort des départements et des communes, qu'il s'établirait des rivalités, etc.

Il y a un autre système de décentralisation, celui de la décentralisation des affaires, qui consiste à substituer dans un grand nombre de cas l'autorité du préfet à celle du ministre ou de l'Empereur. Cette décentralisation a été l'objet du décret du 25 mars 1852, qu'on a qualifié de décret sur la décentralisation administrative.

TITRE VI

Préfets.

PRÉFETS. — RÉSUMÉ.

Un préfet est le premier agent du pouvoir dans le département.

. Les préfets sont nommés par l'Empereur.

Leurs fonctions correspondent à celles des ministres. Sous ce rapport, les attributions d'un préfet sont plus étendues que celles de chaque ministre en particulier ; mais celles des ministres s'étendent, sur tout le territoire tandis que celles du préfet sont limitées au département qu'il administre.

Les attributions des préfets sont administratives, contentieuses et tutélaires. Elles sont administratives principalement.

Leurs attributions contentieuses sont fort restreintes.

Ils exercent la tutelle administrative sur les départements, les communes et les établissements publics. C'est ainsi qu'ils donnent ou refusent l'autorisation d'accepter les dons et legs qui leur sont faits, du moins, en général.

Les préfets ne peuvent pas rapporter leurs arrêtés en matière contentieuse.

En matière administrative pure on distingue : si le bénéfice résultant de l'arrêté est passé à l'état de droit acquis ; s'il y a eu fait accompli, le préfet ne peut pas rapporter cet arrêté ; par exemple, une personne a demandé un alignement, c'est-à-dire qu'elle s'est fait indiquer, avant de construire sur le bord d'une route, la ligne séparative entre la propriété publique et la propriété privée ; le préfet a donné l'alignement. Tant que le propriétaire riverain n'aura pas bâti, le préfet pourra rapporter son arrêté et rectifier les erreurs qu'il pourrait avoir commises. Si le propriétaire a bâti, il ne pourra être exproprié que par voie d'expropriation pour cause d'utilité publique. Si le propriétaire a commencé les travaux, l'arrêté pourra être rapporté moyennant indemnité.

Les actes des préfets en matière administrative peuvent être attaqués par voie gracieuse devant le ministre.

En matière contentieuse, l'appel au conseil d'État est possible, mais il faut d'abord, en général, s'adresser au ministre.

Je dis en général, car dans certains cas, la loi dit : le préfet statuera, *sauf recours au conseil d'État.* Ces expressions, comme on sait, ont donné lieu à une controverse. (V. page 86 de mon *Droit administratif.*

Les préfets emploient la forme *de l'arrêté* ou de la *lettre missive* dans l'exercice de leurs fonctions ; l'arrêté dans leurs rapports avec leurs administrés, la lettre missive dans leurs relations avec leurs subordonnés.

Les attributions des préfets ont été considérablement augmentées par le décret du 25 mars 1852, sur la décentralisation administrative.

SUPPLÉMENT.

Nous avons dit que le préfet, dans l'exercice de ses attributions administratives, contentieuses et tutélaires était obligé quelquefois de prendre l'avis du conseil de préfecture.

Nous verrons bientôt que ce conseil joue alors près du préfet un rôle analogue à celui du conseil d'État près de l'Empereur, c'est-à-dire que le préfet *peut* toujours prendre l'avis du conseil de préfecture, qu'il *doit* le prendre dans certains et qu'il n'est jamais tenu de le suivre.

Il importe de distinguer cependant les cas dans lesquels le préfet est tenu de prendre l'avis du conseil de préfecture, parce que, s'il s'en abstenait, son arrêté pourrait être annulé par le ministre compétent.

Le préfet est tenu de prendre l'avis du conseil de préfecture dans les cas suivants :

En matière contentieuse : 1° sur les contestations qui s'élèvent, en ce qui concerne les octrois, entre les communes et les régisseurs, dans le cas de régie intéressée, et celles qui peuvent s'élever entre la commune et le fermier dans le cas de bail à ferme.

2° En matière de contributions indirectes, sur les contestations qui s'élèvent entre la régie et les débitants pour la fixation du taux de l'abonnement destiné à remplacer *l'exercice.*

Matières tutélaires. 1° Le préfet, en conseil de préfecture, autorise les acquisitions et aliénations faites par le département et les communes.

2° Il homologue les transactions concernant les communes.

3° Il autorise la cession amiable des biens des communes en cas d'expropriation.

En matière administrative. 1°. Le préfet, en conseil de préfecture, annule les délibérations du conseil général ou des conseils d'arrondissement qui se seraient illégalement réunis.

2° Il établirait le budget des dépenses ordinaires du département si le conseil général ne se réunissait pas ou s'il se séparait sans l'avoir établi.

3° Le conseil d'arrondissement est obligé de se conformer, pour la répartition de l'impôt, aux décisions du conseil général ; s'il s'en écartait, le préfet, en conseil de préfecture, réformerait les travaux du conseil d'arrondissement, conformément aux décisions du conseil général.

4° Les évaluations cadastrales sont approuvées par le préfet en conseil de préfecture.

5° Le préfet, en conseil de préfecture, annule les délibérations prises par les conseils municipaux en dehors des réunions légales ou de leurs attributions.

6 Lorsque des conseils municipaux ne votent pas les sommes nécessaires pour couvrir les dé-

penses obligatoires, les préfets les inscrivent d'office aux budgets des communes, sur l'avis du conseil de préfecture.

7° Il ordonnance les dépenses autorisées et liquidées, en cas de refus du maire.

8° Il répartit entre les cantons le contingent départemental pour le recrutement de l'armée.

9° Aux termes de l'article 12 de la loi du 3 mai 1841, le préfet, en conseil de préfecture, détermine les propriétés qui doivent être cédées, quand il s'agit d'expropriation dans un intérêt communal, ou bien d'ouverture ou redressement de chemins vicinaux.

10° Le préfet statue de même sur les cessions des biens domaniaux compris dans le tracé des routes et chemins, etc., etc.

Ce que nous venons de voir complète également ce que nous avons dit sur les conseils de préfecture, puisque ces différentes affaires sont traitées par le préfet avec la participation du conseil de préfecture.

TITRE VII

Conseils de Préfecture.

Conseils de préfecture. — Résumé.

Les conseils de préfecture datent du 28 pluviôse an VIII.

Leurs fonctions sont surtout contentieuses. Elles sont aussi administratives. Mais les conseils de préfecture ne sont pas juges de droit commun, parce que la loi du 28 pluviôse et les lois subséquentes ont procédé par énumération en réglant leur compétence. Procéder par énumération, c'est laisser en dehors tout ce qu'on ne mentionne pas. Ils sont donc juges d'exception.

Les conseils de préfecture sont composés de trois, quatre ou cinq membres. Cinq à Paris, quatre dans un certain nombre de départements , et trois dans les autres.

Le préfet prend part aux délibérations du conseil de préfecture, soit en matière administrative, soit en matière contentieuse.

En matière contentieuse, le conseil de préfecture *juge*, à la différence du conseil d'État qui ne donne que des avis.

En matière administrative, il remplit auprès du préfet le rôle du conseil d'Etat près de l'Empereur ; il donne des avis que le préfet est libre de ne pas suivre.

Les attributions contentieuses du conseil de préfecture concernent : 1° la grande voirie ; 2° les travaux publics ; 3° les élections du conseil général, d'arrondissement et municipal ; 4° les matières forestières ; 5° les matières domaniales ; 6° les contributions directes ; 7° la comptabilité ; 8° les établissements incommodes, insalubres et dangereux, et quelques affaires diverses.

En matière de grande voirie, il juge les délits que la loi punit d'amendes et non de l'emprisonnement.

En matière de travaux publics, il règle les indemnités pour dommages causés, temporaires ou permanents.

En matière électorale, il statue sur les demandes en nullité des élections pour le conseil général, le conseil d'arrondissement et le conseil municipal, lorsqu'il s'agit de contestations relatives aux formalités, et non à la capacité de l'élu.

En matière domaniale (V. le supplément consacré au domaine de l'Etat dans le résumé.)

En matière forestière, il est compétent pour les contestations qui peuvent s'élever entre les usagers et l'administration des forêts, quand il s'agit de l'*État*, de la *possibilité*, et de la *défensabilité* des forêts, ou du rachat des servitudes de pacage.

En matière de contributions directes, il statue sur les demandes en décharge ou en réduction des contributions, et sur certaines difficultés relatives au cadastre qui se rattache aussi aux contributions, comme base de répartition.

En matière de comptabilité, il juge en dernier ressort les comptes des comptables des communes et établissements dont les revenus n'excèdent pas 30,000 fr. L'appel est porté à la Cour des comptes, dans ce cas particulier.

En ce qui concerne les établissements incommodes, insalubres et dangereux (V. le résumé au titre consacré à cette matière.)

Toutes ces matières sont importantes et doivent être étudiées avec le plus grand soin. Je renvoie pour les détails aux titres qui leur ont été consacrés, et qui ne peuvent être reproduits dans un résumé.

Les voies de recours contre les arrêtés des conseils de préfecture sont : l'opposition, la tierce opposition et l'appel. L'appel est porté au conseil d'Etat.

Le conseil de préfecture a reçu une attribution nouvelle de la loi du 13 avril 1850, sur les logements insalubres.

Les logements de cette espèce, qui ne sont pas occupés par le propriétaire, l'usufruitier ou l'usager, doivent être assainis, sinon, la location doit en être interdite. Le conseil municipal ordonne les travaux d'assainissement, sauf recours au conseil de préfecture, dans le délai d'un mois à partir de la notification de l'arrêté municipal.

TITRE VII

ORGANISATION.

Les lois à consulter sont celles des 22 juin 1833, 3 juillet 1848 et 7 juillet 1852.

Sous l'empire de la loi du 22 juin 1833, le conseil général était composé d'autant de membres qu'il y avait de cantons, sans toutefois pouvoir excéder le nombre de trente.

En conséquence, dans les départements qui avaient plus de trente cantons on formait des circonscriptions électorales.

La loi du 3 juillet 1848 décida qu'il y aurait autant de conseillers généraux que de cantons et cette disposition fut maintenue par la loi du 7 juillet 1852.

Sous l'empire de la loi de 1833, pour être éligible, il fallait payer 200 francs de contributions directes au moins. Sous la loi de 1848, aucune condition de cens n'était exigée et cette disposition a été maintenue par la loi de 1852. Il suffit d'être âgé de vingt cinq ans, d'être domicilié dans le département ou d'y payer une contribution directe.

La loi de 1833 prononce certaines incompatibilités qui ont été maintenues par les lois postérieures.

Un individu ne peut être membre de plusieurs conseils généraux.

Les membres du conseil général sont nommés pour neuf ans ; ils sont renouvelés par tiers tous les trois ans.

La dissolution du conseil général peut-être prononcée par l'Empereur. L'article 80 de la Constitution de 1848, conférait également au Président de la République le droit de dissoudre les conseils généraux. Mais elle exigeait l'*avis favorable* du conseil d'État. Cette condition n'existe pas aujourd'hui, car ce conseil d'État n'a pas de pouvoir propre ; dans tous les cas il donne des avis que l'Empereur n'est pas obligé de suivre.

Un conseil général ne peut se réunir qu'autant qu'il a été convoqué par le préfet en vertu d'un décret de l'Empereur.

Les sessions sont ordinaires ou extraordinaires.

Il y a une session ordinaire par année; elle dure quinze jours.

Le président, le vice-président et le secrétaire, en vertu de la loi du 7 juillet 1852, sont nommés par l'Empereur.

Les séances ne sont pas publiques; elles l'étaient sous la République.

Le préfet peut assister aux séances du conseil général excepté quand il s'agit de l'apurement de ses comptes.

Toute délibération prise hors de la réunion légale du conseil général est nulle de droit.

Les conseillers généraux sont nommés par le suffrage universel, au moyen des listes dressées pour l'élection des députés au Corps législatif.

L'élection a lieu par commune; le préfet peut même diviser les communes en sections électorales.

Dans les communes qui comptent deux mille cinq cents habitants et plus, le scrutin dure deux jours, et un jour dans les autres.

L'élection n'est valable au premier tour de scrutin qu'autant que le candidat obtient :

1º La majorité absolue des suffrages exprimés.

2º Un nombre de suffrages égal au quart de celui des électeurs inscrits.

Au second tour de scrutin, l'élection a lieu à la majorité relative, quel que soit le nombre des votants.

Si plusieurs candidats obtiennent le même nombre de suffrages, l'élection est acquise au plus âgé.

Les élections peuvent donner lieu à des difficultés. Le conseil de préfecture et les tribunaux judiciaires sont compétents pour les juger.

Le conseil de préfecture statue sur les demandes en nullité de l'élection fondée, sur l'inobservation des formalités exigées par la loi. Ainsi le conseil de préfecture serait compétent si le scrutin n'était pas resté ouvert pendant le temps déterminé par la loi.

Les tribunaux judiciaires statuent sur les demandes en nullité qui touchent à une question de capacité chez l'élu, par exemple si le demandeur prétendait que l'élu n'est pas français.

Lorsque la réclamation est fondée sur l'incapacité de l'élu, la question est portée devant le tribunal de l'arrondissement qui statue sauf appel.

Si le conseil de préfecture ne statuait pas dans le mois, la demande serait considérée comme rejetée et le recours au conseil d'État serait possible. (Argument de la loi du 5 mai 1855.)

Tout électeur a le droit d'arguer les opérations électorales de nullité.

Si la réclamation n'a pas été consignée au procès-verbal, elle est déposée dans le délai de cinq jours, à partir de celui de l'élection, au secrétariat de la préfecture. Le conseil de préfecture statue dans le mois, sauf recours au conseil d'Etat. Ce recours est exercé par voie contentieuse et sans frais, c'est-à-dire que la constitution d'un avocat n'est pas nécessaire. Le recours est suspensif lorsqu'il est exercé par l'élu, afin qu'il conserve sa qualité jusqu'à la décision définitive.

Attributions des conseils généraux.

Les textes relatifs aux attributions des conseils généraux sont : La loi du 10 mai 1838 et le décret du 25 mars 1852 sur la décentralisation administrative.

Le conseil général peut être considéré :

1° Comme délégué du Corps législatif ;

2° Comme représentant du département ;

3° Comme contrôleur de l'administration locale et conseil du pouvoir central.

Conseil général considéré comme délégué du corps législatif.

1° Le conseil général répartit les impôts.

Les impôts se divisent en directs et indirects ;

En impôts de quotité et impôts de répartition.

Les impôts directs sont : L'impôt foncier, l'impôt des portes et fenêtres, l'impôt personnel et mobilier et l'impôt des patentes.

Les impôts de répartition sont ceux dont le chiffre est fixé à l'avance par le Corps législatif qui les répartit entre les départements.

Ces impôts sont les impôts directs moins celui des patentes.

Le conseil général répartit les impôts de répartition entre les arrondissements.

La répartition est faite ensuite par les conseils d'arrondissement entre les communes ; enfin par la commission des répartiteurs, dans chaque commune, entre les contribuables.

2° Le conseil général vote les centimes additionnels dont la perception est autorisée par les lois.

On distingue :

1° Des centimes généraux ;

2° Des centimes départementaux ;

3° Des centimes communaux.

Les centimes départementaux se divisent :

1° En centimes ordinaires;

2° Centimes facultatifs;

3° Centimes spéciaux ;

4° Centimes extraordinaires.

Conseil général considéré comme représentant le département.

Le conseil général délibère sur un grand nombre d'affaires dont les plus importantes sont indiquées dans l'art. 4 de la loi du 10 mai 1838. Cette délibération n'est point parfaite ; elle doit être complétée par l'homologation de l'autorité compétente.

Ainsi le conseil général délibère sur les contributions à établir et les emprunts à contracter dans l'intérêt du département. Cette délibération doit être homonologuée par le Corps législatif.

Sur les aliénations des propriétés départementales. Depuis le décret du 25 mars 1852 l'approbation du préfet suffit pour le complément de la délibération du conseil général. Cependant, s'il s'agissait de propriétés affectées à un service public, l'approbation de l'Empereur, sur l'avis du conseil d'Etat, serait encore nécessaire.

Sur l'acceptation des dons et legs faits au département. L'homologation de la délibération est donnée par le préfet, en règle générale, depuis le décret du 25 mars 1852.

L'homologation continue d'être donnée par l'Empereur en conseil d'Etat, lorsqu'il y a des réclamations de la part des familles des testateurs, ou bien lorsque les libéralités sont grevées de charges ou affectations immobilières.

Le principe de l'art 937 du Code civil a été modifié par la loi du 10 mai 1838, en ce sens que les donations faites aux êtres moraux sont acceptées provisoirement et qu'elles sont valables si l'autorisation d'accepter arrive après la mort du donateur, tandis qu'auparavant il fallait d'abord obtenir l'autorisation *d'accepter;* par conséquent la donation était nulle si le donateur décédait avant que l'autorisation ne fut donnée.

*Coaseil général considéré comme conseil du Gou-
vernement.*

Dans ce cas le conseil général donne des avis
au gouvernement qui peut prendre une décision
contraire à l'opinion du conseil, si bon lui semble. C'est ainsi qu'il est consulté sur les changements de circonscription des départements, arrondissements, cantons et communes.

*Réclamations et vœux du conseil général dans
l'intérêt du département.*

Le conseil général peut adresser directement
au ministre de l'intérieur, par l'intermédiaire de
son président, les réclamations qu'il aurait à présenter dans l'intérêt spécial du département.

Nous parlerons plus loin du budget du département (2e partie, voir budget).

SUPPLÉMENT.

D'après l'art. 4 de la loi du 10 mai 1838, le
conseil général délibère à l'effet de déterminer

la part de la dépense des aliénés et des enfants trouvés et abandonnés qui doit être mise à la charge des communes et sur les bases de la répartition à faire entre elles.

La condition des aliénés a été l'objet de la loi du 30 juin 1838.

Autrefois, ces malheureux étaient abandonnés à leur triste sort et si l'autorité parfois s'en occupait, c'était pour rendre plus affreuse encore leur position : c'était pour les jeter dans les prisons avec les criminels, lorsque leur folie pouvait inspirer quelque crainte. Manière odieuse de faire acheter à ces pauvres créatures les joies de l'autre monde que le Christ leur a promises. Ceux dont la folie était inoffensive restaient en liberté pour l'amusement cruels des enfants, des sots et des rois.

Quant aux moyens de guérir ces pauvres malades d'esprit, ou d'adoucir les maux inséparables de leur triste position, on n'y songeait pas.

La révolution avait déterminée quelques mesures à prendre dans leur intérêt, mais leur position ne fut efficacement réglementée que par la loi du 30 juin 1838.

Tout ce qui concerne le placement prompt et facile, les précautions à prendre pour empêcher des séquestrations arbitraires, le traitement des aliénés, les ressources destinées à faire face aux dépenses de traitement et d'entretien a été prévu par cette loi.

Jusqu'à cette époque, la loi qui avait prononcé l'incapacité des aliénés interdits n'avait pris aucune précaution pour mettre la fortune de ceux qui n'étaient pas interdits à l'abri des entreprises criminelles des tiers et de leurs propres fautes.

La loi de 1838 a fait des aliénés placés dans les établissements qui leur sont destinés une classe particulière d'incapables.

Elle veut qu'un administrateur provisoire, s'il en est besoin, soit nommé pour la gestion de leurs biens.

Une hypothèque d'une espèce particulière peut être créée pour la garantie des droits de l'aliéné. Cette hypothèque, aux termes de l'art. 34 de la loi de 1838, peut être constituée par le jugement qui nomme l'administrateur provisoire. Elle n'est ni légale ni judiciaire et cependant elle tient de l'une et de l'autre. C'est une hypothèque *sui generis*, dont le caractère n'est pas généralement assez remarqué. Elle tient à l'hypothèque judiciaire, en ce sens qu'elle est constituée par un jugement, mais elle en diffère en ce sens que l'hypothèque judiciaire est la conséquence du jugement, tandis que celle-ci en est l'objet.

Elle tient à l'hypothèque légale en ce sens qu'elle est conférée par la loi, mais elle en diffère en ce sens que la loi n'est pas seule cause, puisque l'intervention du juge est indispensable.

Elle diffère de l'hypothèque du mineur, de la femme et de l'interdit, en ce sens qu'elle ne produit son effet qu'à partir de l'inscription, tandis que l'effet des autres est indépendant de l'inscription.

Chaque département est tenu d'avoir un établissement public spécialement destiné à recevoir et soigner les aliénés, ou de traiter à cet effet avec un établissement public ou privé, soit du département, soi d'un autre département.

La loi charge le préfet, le procureur impérial, le juge de paix, le maire de la commune, de visiter ces établissements pour s'assurer qu'il n'existe pas de détention arbitraire et que tous les soins nécessaires sont donnés aux malades.

La loi règle, dans l'intérêt de la liberté individuelle surtout, le mode d'introduction des malades dans ces établissements.

TITRE IX

Sous-Préfet.

SOUS-PRÉFET. — RÉSUMÉ.

Le sous-préfet est le principal agent direct dans l'arrondissement. Il tient la place des directoires de districts créés par la loi du 22 décembre 1789.

C'est un agent de transmission. Dans quelques cas rares et sans importance, il exerce un pouvoir propre.

La forme de ses actes est celle de l'arrêté ou de la lettre missive.

TITRE X

Conseil d'arrondissement.

CONSEIL D'ARRONDISSEMENT. — RÉSUMÉ.

Les textes à consulter sont, pour l'organisation : les lois des 22 juin 1833, 3 juillet 1848 et 7 juillet 1852.

Pour les attributions, la loi du 10 mai 1838, comme pour les conseils généraux.

Il y a un conseil d'arrondissement, composé d'autant de membres qu'il y a de cantons, sans que le nombre puisse, toutefois, être inférieur à neuf.

Ils sont élus pour dix ans, renouvelables par moitié tous les trois ans.

Les président, vice-président et secrétaire sont nommés par le préfet.

La dissolution des conseils d'arrondissement peut être prononcée par l'Empereur.

Chaque conseil a une session annuelle divisée en deux parties. Dans la première, qui précède la réunion du conseil général, il délibère ou donne son avis sur différentes affaires.

Dans la seconde, il répartit entre les communes les impôts de répartition.

Administration communale

MAIRÉS ET ADJOINTS. — RÉSUMÉ.

Les textes à consulter sont, pour l'organisation, la loi du 5 mai 1855 ; pour les attributions,
la loi du 18 juillet 1837 et le décret du 25 mars
1852.

Les placements s'effectuent, soit par ordre de
l'autorité supérieure, soit sur la demande des
particuliers ; l'autorité use surtout de ce droit
quand il s'agit d'individus dangereux.

Les dépenses de séjour, d'entretien et de gué-
rison sont à la charge du malade ou des départements et communes suivant que l'aliéné est en
état de payer ou non.

Cette dépense, pour les départements et les
communes, est au nombre des dépenses ordinaires.

Le corps municipal se compose d'un maire et d'un ou plusieurs adjoints, et d'un conseil municipal.

Les maires et adjoints sont nommés par l'Empereur dans les chefs-lieux de département, d'arrondissement, de canton et dans les communes dont la population est de 3,000 habitants au moins.

Dans les autres communes, c'est le préfet qui les nomme.

Le préfet ne peut pas les révoquer, mais il peut les suspendre.

Ils sont nommés pour cinq ans.

Le maire remplit des fonctions diverses : il est officier de l'état civil, officier de police judiciaire, juge de simple police, agent municipal, agent administratif, juge du contentieux administratif.

Le maire peut être considéré comme organe des intérêts généraux et comme organe des intérêts communaux.

Comme organe des intérêts généraux, il agit sous *l'autorité*, et comme organe des intérêts communaux, sous la *surveillance* des préfets.

Les arrêtés pris par le maire sont immédiatement adressés au sous-préfet.

Le préfet, à qui le sous-préfet les transmet, peut les annuler ou en suspendre l'exécution.

Ceux de ces arrêtés qui portent règlement permanent ne sont exécutoires qu'un mois après la remise qui en est faite à la sous-préfecture.

La loi du 5 mai 1855 a restreint les attributions des maires dans les communes chefs-lieux de département dont la population excède 40,000 habitants. Le préfet, dans ces communes, réunit à ses fonctions celles de préfet de police.

TITRE XII

Conseil municipal.

Organisation. — Résumé.

La loi est, comme pour les maires, celle du
5 mai 1855.

Chaque commune a un conseil municipal,
composé, suivant le chiffre de la population, de
dix conseillers au moins et trente-six au plus.

Les conseillers sont nommés par le suffrage
universel pour cinq ans.

Les conseils municipaux peuvent être suspendus par les préfets, mais ils ne peuvent être dis-
sous que par l'Empereur.

En cas de suspension, le préfet nomme une
commission pour les remplacer.

Les conseils municipaux ont quatre sessions

ordinaires et peuvent avoir des sessions extraordinaires.

Leurs séances ne sont pas publiques.

ATTRIBUTIONS.

La loi qui règle les attributions des conseils municipaux est celle du 18 juillet 1837, modifiée par le décret du 25 mars 1852, sur la décentralisation administrative.

La commune, être moral, est susceptible d'être créancière, débitrice, propriétaire. De là des attributions nombreuses pour le conseil municipal.

Son patrimoine comprend : 1° un domaine public communal, comme l'hôtel de la mairie, les places, rues, églises, maisons d'école, etc.; 2° des biens patrimoniaux, comme des forêts, des champs, etc , 3° des biens communaux proprement dits, ou *communaux* dont les habitants de la commune jouissent en commun, comme des bruyères, des marais, des marnières, des pâturages, etc.

L'art. 542 du Code civil définit les biens communaux : Ceux à la propriété ou à la jouissance desquels tous les habitants d'une ou de plusieurs communes ont un *droit acquis.*

Ce n'est pas un droit de co-propriété. Les biens communaux n'appartiennent pas aux habitants mais à l'être moral la commune. De sorte que les habitants ne sont pas comme des propriétaires dans l'indivision, et ne peuvent les partager entre eux.

Les attributions des conseils municipaux comprennent :

1° Des actes qu'ils peuvent faire seuls ;

2° Des actes pour lesquels ils ont un droit de délibération qui n'a d'effet qu'autant qu'elle est homologuée ;

3° Les actes pour lesquels ils ne donnent que des avis ;

4° Ceux pour lesquels ils ne peuvent exprimer que des vœux.

Les conseils municipaux règlent seuls les objets suivants :

1° Le mode de jouissance des biens communaux ;

2° Les conditions des baux à ferme ;

3° Le mode de jouissance et la répartition des pâturages et fruits communaux, autres que les bois ;

4° Les affouages, en se conformant aux lois forestières.

Les baux pour lesquels le conseil municipal a un pouvoir de règlement sont ceux dont la durée n'excède pas dix-huit ans pour les biens ruraux, et neuf ans pour les maisons.

S'ils devaient être faits pour un temps plus long, la délibération du conseil municipal devrait être homologuée par le préfet.

On entend par affouage le bois nécessaire pour les besoins du ménage. Le bois de marronnage est celui qui est employé aux constructions.

Le conseil municipal a, dans les cas suivants, un pouvoir de délibération incomplète, et qui nécessite l'homologation de l'autorité compétente :

1° Le budget de la commune (V. budget dans la deuxième partie ;)

2° Les acquisitions et aliénations ;

3° Les conditions des baux qui excèdent dix-huit ans pour les biens ruraux, et neuf ans pour les biens urbains ;

4° Le parcours et la vaine pâture ;

5° L'acceptation des dons et legs ;

5° Les actions judiciaires et transactions, etc.

Les acquisitions sont autorisées par le préfet.

Les aliénations doivent être également autorisées.

Les communes ne peuvent pas être expropriées comme des débiteurs ordinaires. Le créancier s'adresse, au besoin, au préfet qui oblige la commune à payer, soit en autorisant une vente de biens, soit en inscrivant d'office la dette parmi les dépenses ordinaires ou obligatoires de la commune.

Les dons et legs sont autorisés par le préfet, à moins qu'il n'y ait réclamation de la part des héritiers du testateur.

Les actions judiciaires ne peuvent être intentées qu'avec l'autorisation du conseil de préfecture.

Les formalités diffèrent sous quelques rapports, suivant que la commune est demanderesse ou défenderesse.

Commune demanderesse. — La commune qui veut intenter une action, doit, après la délibération du conseil municipal, obtenir l'autorisation du conseil de préfecture.

En cas de refus du conseil de préfecture, la commune peut se pourvoir en conseil d'État.

L'autorisation est également nécessaire à la commune qui veut se pourvoir contre un jugement de première instance qui la condamne. Si elle est intimée, l'autorisation n'est pas nécessaire.

Commune défenderesse. — L'adversaire de la

commune doit adresser au préfet un mémoire pour lui exposer sa prétention et les moyens à l'appui. Ce mémoire permet au préfet de prendre connaissance de l'affaire, et de s'interposer pour une transaction s'il le juge nécessaire.

Ce mémoire interrompt la prescription, tandis que celui qui est adressé au préfet par un individu qui veut intenter une action contre un département, suspend seulement la prescription.

Cet acte n'est pas une demande à l'effet d'être autorisé à plaider, car l'adversaire de la commune, demandeur ou défendeur, n'a pas besoin d'autorisation.

Il y a une grande différence entre le cas où la commune est demanderesse, et celui où elle est défenderesse : Dans le premier cas, si le conseil de préfecture lui refuse l'autorisation, son droit reste suspendu ; dans le cas où elle est défenderesse, l'affaire est jugée par défaut, et la commune est presque à coup sûr condamnée.

La loi a prévu le cas où la commune, par négligence ou par crainte de s'engager dans un procès coûteux, refuserait de faire valoir ses droits. Elle donne à tout contribuable inscrit au rôle de la commune le droit d'exercer, à ses frais et risques, avec l'autorisation du conseil de préfecture, les actions qu'il croirait appartenir à la commune.

Une section de commune peut avoir un procès avec la commune. Elle est alors représenté par un syndicat de trois ou cinq membres.

Responsabilité des Communes.

Les communes s'obligent par contrats, quasi-contrats et quasi-délits.

Elles s'obligent ordinairement par des contrats.

Elles s'obligent plus rarement par des quasi-délits. On peut donner comme exemple la responsabilité des communes pour les délits commis par les pâtres communaux, dans l'exercice de leurs fonctions.

On peut dire même qu'elles s'obligent par des délits dans les cas déterminés par la loi du 10 vendémiaire an iv; car si l'on peut objecter que c'est un cas de responsabilité de l'être moral, la commune, pour les délits commis par les individus qui la composent, on peut répondre que les individus, collectivement, personnifient la commune qui peut être alors considérée comme l'auteur du délit.

Cette loi du 10 vendémiaire an iv est-elle encore en vigueur? On a discuté cette question,

On a dit que c'était une loi de circonstance, et qu'elle a cessé d'exister avec les circonstances qui l'avaient motivée. Mais on peut répondre que les lois en France, bonnes ou mauvaises, appliquées ou non, durent tant qu'elles ne sont pas abrogées par d'autres lois. Or, celle-ci n'est pas abrogée. Sans doute, certaines de ses dispositions restent sans effet pratique, puisqu'elles concernent certains faits dont le retour n'est pas probable. Mais les autres peuvent encore trouver leur application.

Elle prévoit cinq cas :

1° Le cas où un individu a été pillé, maltraité ou homicidé ;

2° Lorsque des ponts ont été rompus, des routes coupées ou interceptées par des abattis d'arbres ou autrement ;

3° Lorsque les cultivateurs tiennent leurs voitures démontées, ou refusent d'exécuter les réquisitions faites légalement pour transports ou charrois. Ce cas ne peut généralement être applicable qu'en temps de guerre ;

4° Lorsque dans une commune, des cultivateurs à part de fruits refusent de livrer la portion due aux propriétaires. Cette disposition de la loi aurai t dû rester dans le droit commun ;

5° Lorsqu'un adjudicataire des domaines nationaux aura été contraint, à force ouverte, par
suite de rassemblements, de payer le prix de son
adjudication à d'autres que dans la caisse des
domaines.

Lorsqu'un fermier aura été contraint de payer
son fermage à d'autres qu'au propriétaire.

Pour comprendre la porté de ce cinquième
cas, il faut se reporter à l'époque où l'État ven-
dait ou louait les biens provenant de confisca-
tions, et où il avait à se défendre contre les partisans de l'ancien régime, qui cherchaient à en-
traver la vente des biens nationaux, en troublant
les acheteurs dans leur possession.

Chaque commune est responsable des délits
commis à force ouverte ou par violence sur son
territoire, par des attroupements ou rassemblements armés ou non armés, soit envers les personnes, soit envers les propriétés nationales ou
privées, ainsi que des dommages-intérêts auxquels ils donnent lieu (art. Ier, t. IV.)

Cette responsabilité cesse, lorsque les rassemblements ont été formés d'individus étrangers à
la commune, sur le territoire de laquelle les délits ont été commis, et que toutes les mesures
ont été prises par l'autorité municipale pour

les prévenir, et en faire connaître les auteurs.

·Si les attroupements sont composés d'individus appartenant à diverses communes, toutes sont responsables des délits.

Il y a controverse sur le point de savoir si elles sont tenues conjointement ou solidairement. Conjointement, disent les uns, en s'appuyant sur la rédaction de l'art. 3 du titre iv de la loi du 10 vendémiaire. Cet article dit que ces communes sont *contribuables* au paiement de l'amende; si elles *contribuent*, elles ne sont pas tenues chacune pour le tout. Mais telle ne semble pas avoir été la pensée du législateur qui n'avait pas en vue de déroger aux principes de la solidarité, mais de faire retomber en définitive la condamnation sur toutes les communes délinquantes.

Dans quelles proportions contribuent-elles? Selon les uns, en proportion du montant de leurs contributions directes. Selon d'autres, du nombre d'individus qu'elles ont fournis au rassemblement. Cette dernière opinion semble préférable.

Les condamnations se composent des frais, des dommages-intérêts, et d'une amende égale aux dommages-intérêts.

L'exécution des condamnations est poursuivie par le ministère public.

Le montant des dommages-intérêts doit être payé dans les dix jours, à partir de la notification du jugement. A cet effet, l'administration municipale fait contribuer les vingt plus fort imposés, sauf répartition ultérieure, opérée par l'administration municipale entre tous les habitants de la commune. On décide généralement que cette répartition se fait en prenant pour base la cote des contributions directes, ce qui n'est pas équitable.

Administration de Paris et de Lyon.

L'administration de Paris se compose d'un
préfet de la Seine, d'un préfet de police, d'une
commission de trente-six membres nommés par
l'Empereur, remplissant les fonctions de conseil
municipal, de douze maires, de vingt-quatre adjoints.

Cette commission remplit aussi les fonctions
de conseil général avec l'adjonction de huit membres, dont quatre pour l'arrondissement de
Sceaux, et quatre pour celui de Saint-Denis.

La division de Paris en douze arrondissements
date de la Constitution de l'an III.

Les attributions des maires sont peu importantes. Tout ce qu'ils ont de moins que les autres
maires appartient soit au préfet de la Seine, soit
au préfet de police.

Le préfet de police a donc à la fois des attributions municipales et préfectorales, ce qui lui a fait donner, à certaines époques, le titre de maire de Paris.

Le préfet de la Seine a des attributions également municipales et préfectorales. Son autorité s'étend sur le département de la Seine, et même sur certaines communes du département de Seine-et-Oise, Meudon, Sèvres, Saint-Cloud, à cause de leurs résidences impériales, bien que cela résulte d'un arrêté des consuls de l'an ix ; on sait que le premier consul, à cette époque, avait déjà des tendances anti-républicaines.

Il délivre les passe-ports, les permis de chasse ; il a la police des prisons, etc.

L'organisation de la ville de Lyon présente quelque analogie avec celle de Paris. L'agglomération lyonnaise se divise en cinq arrondissements administrés par un préfet du Rhône, et une commission nommée par l'Empereur.

Le préfet réunit à ses fonctions, celles de préfet de police.

Prochainement, les limites de la ville de Paris seront reculées jusqu'aux fortifications. Paris aura vingt arrondissements, vingt maires, quarante adjoints.

La commission municipale sera composée de

soixante membres, trois par arrondissement ;
deux de ces membres au moins devront être
choisis parmi les habitants de l'arrondissement.

Un décret du 12 février 1859, a ouvert l'enquête *de commodo et incommodo* qui doit, aux termes des articles 1er et suivants de la loi du 18 juillet 1837, précéder toute loi qui modifie la circonscription des arrondissements.

DEUXIÉME PARTIE.

MATIÈRES ADMINISTRATVES.

TITRE PREMIER.

Agents du gouvernement.

AUTORISATION DE POURSUIVRE LES AGENTS DU GOUVERNEMENT.

Le droit qu'ont les agents du gouvernement de ne pouvoir être poursuivis qu'après autorisation, se nomme la *garantie administrative*.

Avant 1789, les agents n'étaient pas protégés contre les poursuites d'une manière formelle, mais le roi avait le droit d'évoquer l'affaire pour la juger ou la faire juger par son conseil ou par une commission.

La garantie administrative a été formulée, pour la première fois, dans les lois des 16–24 août et 7-14 octobre 1790 relatives à la séparation des pouvoirs.

Ce principe a été reproduit dans l'art. 75 de

la Consitution du 12 frimaire an VIII. On peut remarquer dans cet article le mot *décision* du conseil d'État, expression improprement employée puisque le conseil d'État n'avait pas de pouvoir propre.

Les Chartes de 1814 et de 1830, ne parlèrent pas de la garantie administrative. Son existence légale fut mise en doute, mais dans la pratique elle fut maintenue. La Constitution de 1848 n'en dit rien également.

Aujourd'hui, la garantie existe, le décret du 30 janvier 1852 le dit implicitement en mettant cette affaire parmi celles qui doivent être délibérées en assemblée générale du conseil d'Etat.

Demandons-nous maintenant quels sont les agents du gouvernement? Tous les fonctionnaires sont-ils agents du gouvernement? L'expression agent du gouvernement, ici, présente un sens plus large que celui dans lequel nous l'avons employée au titre préliminaire. D'un autre côté, ce sens est moins large que celui qu'on attache au mot *fonctionnaire*. On peut dire qu'un agent du gouvernement est un fonctionnaire qui représente l'État dans ses rapports avec le public. Nous laiserons en dehors, par conséquent, tous les fonctionnaires qui préparent les travaux intérieurs de l'administration.

Ainsi les employés des ministères ne sont pas des agents du gouvernement.

Tous les agents du gouvernement ne jouissent pas cependant de la garantie administrative. Ainsi les lois de finances, chaque année, se terminent par une disposition qui permet de poursuivre directement, c'est-à-dire sans autorisation, les agents des contributions qui feraient des perceptions illégales.

La loi du 28 avril 1816 permet de poursuivre également sans autorisation les agents des contributions indirectes. Il en est d'autres qui jouissent de la garantie, mais pour lesquels l'autorisation du directeur-général de leur administration suffit, comme les agents forestiers et des postes.

Les sénateurs, les députés, les membres du conseil d'Etat ne peuvent être poursuivis qu'avec l'autorisation des corps auxquels ils appartiennent.

Les ministres des cultes ne peuvent pas être considérés comme agents du gouvernement et ne jouissent pas de la garantie.

Le maire exerce plusieurs sortes de fonctions. Il ne jouit de la garantie qu'autant qu'il a agi comme agent du gouvernement et non, par exemple, comme administrateur de la commune.

Les agents ne jouissent de la garantie qu'autant que les actions qu'on exerce contre eux, sont nées de faits relatifs à leurs fonctions.

La garantie administrative repose sur le principe de la séparation des pouvoirs et non sur un principe de responsabilité hiérarchique. Aussi on ne regarde pas si le supérieur de l'agent accepte ou décline la responsabilité du fait reproché à son subalterne. La loi a voulu protéger les agents du gouvernement contre les entreprises des particuliers secondés par l'autorité judiciaire. C'est une méfiance peut-être fondée en ce qui concerne les particuliers, mais absurde et injurieuse en ce qui concerne la magistrature.

Celui qui veut intenter des poursuites, soit civiles, soit criminelles, adresse sa demande au ministre de la justice qui la transmet à celui de ses collègues à l'administration duquel appartient l'agent, et elle va de là au conseil d'État.

TITRE II

Appel comme d'abus.

APPEL COMME D'ABUS. — RÉSUMÉ.

Le décret du 30 janvier 1852, qui énumère, dans son art. 13, les affaires qui doivent être portées à l'assemblée générale du conseil d'État, mentionne, en matière de cultes, 1° l'enregistrement des bulles et autres actes du Saint-Siége ; 2° les appels comme d'abus ; 3° l'autorisation des congrégations religieuses.

En France, les cultes sont sous la surveillance de l'autorité civile et il n'existe de pouvoir religieux que dans l'ordre spirituel. Longtemps avant l'établissement de sa suprématie, l'autorité civile a dû lutter contre l'autorité du pape.

Le clergé de France lui-même épousa la cause

du gouvernement, car en même temps que ce dernier voulait dominer dans l'ordre temporel, il voulait rendre l'église gallicane indépendante de l'autorité des papes. Sous certains rapports donc, la cause du gouvernement était celle du clergé français.

Les principaux monuments relatifs à ces divisions, entre Rome les rois de France, sont la pragmatique de Bourges, le concordat de François Ier et la déclaration du clergé de France, rédigée par Bossuet, en 1682, le concordat de 1801, etc.

L'appel comme d'abus peut être défini : un recours au pouvoir temporel contre l'abus commis par un ministre du culte, dans l'exercice de ses fonctions, ou par un laïque.

Il y a cinq espèces d'abus de la part des ministres des cultes :

1° L'usurpation ou l'excès de pouvoir ;

2° La contravention aux lois et règlements de l'État ;

3° L'infraction aux règles consacrées par les canons reçus en France ;

4° L'attentat aux franchises, coutumes et libertés de l'Église gallicane ;

5° Les entreprises ou procédés qui, dans l'exercice du culte, peuvent compromettre l'honneur des citoyens, troubler arbitrairement leur conscience, dégénérer contre eux en oppression, en injure ou en scandale public.

Le recours compète à toute personne intéressée. A défaut de plainte particulière, il peut être exercé d'office par les préfets.

L'affaire est portée à l'assemblée générale du conseil d'État.

La déclaration d'abus, s'il y a lieu, par le conseil d'État, n'a pas d'effet pénal proprement dit. C'est un blâme public.

TITRE II

Brevets d'invention.

Un brevet d'invention est un titre qui constate les droits de l'auteur d'une découverte.

Les droits des inventeurs ne sont reconnus, en France, que depuis la loi du 7 janvier 1791 qui créa les brevets d'invention sous le nom de *patentes*.

Avant la Révolution, les rois délivraient des *priviléges* aux inventeurs, mais ils pouvaient user arbitrairement de cette faculté.

La loi qui régit actuellement la matière, est celle du 5 juillet 1844.

Il y a controverse, théoriquement, sur le point de savoir s'il faut reconnaître à l'inventeur un droit de propriété ou seulement un droit de jouis-sance temporaire. On dit, dans le premier système, que les créations de l'intelligence sont des objets de propriété pour le moins aussi respectables que la propriété d'un champ ou d'une maison. Dans le second système, celui qui a prévalu, on dit que l'inventeur est redevable envers la société, sinon de l'invention, du moins des moyens qui la lui ont procurée : il a profité des travaux de ses devanciers, la société doit donc profiter aussi de la découverte. On peut répliquer, non moins justement, que cet argument peut s'appliquer à la propriété ordinaire, et que celui, par exemple, qui bâtit une maison n'a pas inventé l'architecture, la manière de préparer le plâtre et de tailler les pierres.

Les brevets sont délivrés pour cinq, dix ou quinze ans, à la volonté de ceux qui les réclament.

Les droits à payer au Trésor sont de 500, 1,000 et 1,500 francs, payables par annuités, et de manière que le breveté puisse se soustraire à l'obligation de payer en laissant tomber son invention dans le domaine public.

Dès lors, pourquoi ne prend-on pas toujours un brevet pour quinze ans, sauf à le laisser tomber dans le domaine public, lorsqu'on ne trouve plus de profit à l'exploiter ? On peut avoir intérêt à prendre un brevet pour cinq ou dix ans, si l'on a l'intention de le céder, et si l'invention a pour objet une de ces choses dont la vogue est éphémère, parce que, en cas de cession, toutes les annuités doivent être payées ; s'il semble à l'inventeur que son invention ne doit être productive que pendant un temps restreint, et s'il veut céder, évidemment il fera bien de ne pas s'exposer au paiement inutile d'un grand nombre d'annuités.

Celui qui veut prendre un brevet doit déposer, sous cachet, au secrétariat de la préfecture, et à Paris, au ministère de l'agriculture, du commerce et des travaux publics, une demande au ministre, accompagnée d'une description de la découverte, des dessins et modèles nécessaires pour l'intelligence de la description, et d'un bordereau des pièces déposées.

Les brevets sont délivrés sans examen. S'ils sont pris à tort, on saura bien en faire déclarer la nullité.

Certaines découvertes ne peuvent être brevetées. Telles sont celles qui sont relatives à l'art de guérir, à des combinaisons financières ou qui seraient contraires aux bonnes mœurs. Ces restrictions ne portent pas atteinte aux principes de la délivrance des brevets sans examen. Le gouvernement ne conteste pas l'invention ou son utilité, mais il répond que l'invention, par sa nature, n'est pas susceptible d'être brevetée.

Certificat d'addition.

C'est un acte constatant les changements, perfectionnements ou additions apportées par l'inventeur à l'objet de son brevet d'invention.

Il est préféré, dans l'année qui suit la date de son brevet, à toute personne qui aurait trouvé, même avant lui, la découverte accessoire qu'il a faite.

Il peut prendre, pour cette nouvelle invention, un brevet de perfectionnement ou se contenter d'un certificat d'addition. Dans le premier cas, c'est un nouveau brevet qui aura une existence spéciale et indépendante ; dans le second, l'addition suit le sort du brevet principal et tombe avec lui dans le domaine public.

Lorsque le brevet de perfectionnement est pris par un tiers, le breveté primitif jouit de sa découverte, et le perfectionneur ne peut pas tirer parti de son invention avant que l'invention primitive soit tombée dans le domaine public.

Les étrangers peuvent prendre des brevets en France sans que la durée de leurs brevets puissent excéder celle des brevets qu'ils ont pris à l'étranger.

La loi de 1791 permettait d'accorder des brevets d'importation aux individus qui importaient en France des inventions, même lorsqu'ils n'en étaient pas les auteurs. Aujourd'hui, les importateurs ne peuvent se faire breveter que s'ils sont inventeurs.

Actions.

Les actions relatives aux brevets sont :

1º Des actions en nullité; 2º en déchéance; 3º en contrefaçon ; 4º en revendication.

Sont déchus, 1º les inventeurs qui n'ont pas acquitté leur annuité ; 2º ceux qui n'ont pas mis en exploitation leur découverte dans le délai de deux ans, ou qui ont cessé d'exploiter pendant deux années consécutives, s'ils ne justifient des causes de leur inaction ; 3º le breveté qui a introduit en France des objets fabriqués en pays étranger et semblables à ceux qui sont garantis par son brevet.

Les actions en déchéance ne doivent pas être confondues avec les actions en nullité; dans le premier cas, le breveté régulièrement acquis, perd des droits ; dans le second cas, le brevet est considéré comme n'ayant pas existé.

Sont nuls, les brevets délivrés dans les cas suivants :

1° Si la découverte n'est pas nouvelle ;

2° Si elle n'est pas susceptible d'être brevetée ;

3° Si elle n'a pas d'application industrielle ;

4° Si elle est contraire aux mœurs, à la sûreté publique,

5° Si le titre sous lequel le brevet a été demandé, indique un objet autre que celui de l'invention ;

6° Si la description n'est pas suffisante ;

7° Si un brevet de perfectionnement est pris dans l'année de la découverte, pendant laquelle l'inventeur a un droit exclusif pour améliorer son invention.

L'action en revendication est intentée par l'inventeur contre un faux inventeur qui a surpris son brevet et s'est fait breveter à sa place. L'inventeur n'intente pas l'action en nullité, parce que l'invention qui a été rendue publique à la suite du brevet pris, tomberait dans le domaine ; il revendique donc le brevet comme étant le sien.

L'action en contrefaçon est portée devant les

tribunaux correctionnels. Ces tribunaux con-
naissent également des exceptions de nullité et de
déchéance, au lieu de les renvoyer devant les tribunaux civils.

Mais les tribunaux civils sont compétents pour
les actions principales en nullité et en déchéance,
ainsi que pour l'action en revendication.

L'action est intentée par toute partie intéressée ou par le ministère public. Lorsque le ministère public n'est pas partie principale, l'affaire
doit lui être communiquée.

Il y a intérêt à savoir que le ministère public
est partie principale, parce que, s'il fait prononcer la nullité ou la déchéance, il y a chose jugée
au profit de tout le monde. Mais s'il perd le procès, on n'est pas d'accord sur le point de savoir
s'il y a chose jugée au profit du breveté. Un arrêt de la Cour de cassation de 1852 a décidé qu'il
n'y avait pas chose jugée *erga omnes* dans ce dernier cas.

TITRE III.

L'Empereur. — Résumé.

BUDGET. — RÉSUMÉ.

Le budget est l'état des recettes et dépenses de chaque *exercice*.

L'exercice, c'est l'année financière.

L'année financière, au lieu de finir le 3I dé-cembre, se prolonge dans l'année qui suit celle qui lui donne son nom.

Ainsi, l'exercice 1858 reçoit son nom de l'an-née 1858 et se prolonge jusqu'au 31 juillet 1859 pour les ordonnancements, et jusqu'au 31 août, pour le paiement des dépenses.

La loi qui fixe le budget se nomme *loi de finances*.

Le projet de loi est préparé en conseil d'Etat et soumis ensuite au Corps législatif.

Le budget est voté *par ministère*, depuis le sénatus-consulte du 31 décembre 1852. Avant cette époque, il était voté par chapitre.

Les répartitions, par chapitre, sont faites par l'Empereur sur l'avis du censeil d'État.

Des *virements de crédits* peuvent avoir lieu sur l'avis également du conseil d'État.

On distingue des crédits ordinaires, supplémentaires, extraordinaires et complémentaires.

Budget départemental.

Le budget du département est présenté par le préfet, voté par le conseil général, et réglé par l'Empereur.

Il est divisé en quatre sections qui forment autant de petits budgets distincts :

La première comprend les dépenses ordinaires ou obligatoires ;

La seconde, les dépenses facultatives ;

La troisième, les dépenses extraordinaires;

La quatrième, les dépenses spéciales.

Des ressources déterminées correspondent aux dépenses. En principe, une ressource ne peut point passer d'une section à une autre, si ce n'est dans celle des dépenses ordinaires ou obligatoires.

Budget communal.

Ce budget est proposé par le maire, voté par le conseil municipal, et approuvé par le préfet, à moins qu'il ne comprenne des impositions extraordinaires.

Les ressources de la commune sont ordinaires ou extraordinaires.

Les ressources extraordinaires sont l'emprunt, les contributions extraordinaires, la vente des biens de la commune.

TITRE IV

Bulles.

ENREGISTREMENT DES BULLES ET AUTRES ACTES DU SAINT-SIÉGE.

Les bulles sont des expéditions de lettres de chancellerie, émanant de la cour de Rome.

Avant d'être exécutoires en France, elles doivent être examinées et enregistrées au conseil d'État.

Cette formalité a pour but d'empêcher l'introduction de règlements contraires à notre ordre public et aux libertés de l'Église gallicane.

Pour éviter les inconvénients d'un enregistrement pur et simple et pour éviter les réclamations contre un refus, le conseil d'État a adopté une formule spéciale de réception conditionnelle.

TITRE V

Cadastre.

CADASTRE. — RÉSUMÉ.

Le cadastre consiste dans la levée des plans et l'évaluation des propriétés, en vue de faciliter la répartition équitable de la contribution foncière.

L'Assemblée constituante et la Convention décrétèrent le cadastre, mais elles n'eurent pas le temps de le faire mettre à exécution.

Sous le Consulat (1802), on entreprit un mode de cadastre par masses de cultures, mais ces évaluations en bloc ne pouvaient être une base convenable pour la répartition individuelle de l'impôt.

En 1808, on commença les opérations du cadastre parcellaire. Mais les travaux marchèrent avec lenteur.

En 1821, enfin, les travaux reçurent une grande impulsion. Aujourd'hui toute la France est cadastrée.

Le cadastre comprend trois séries d'opérations : 1º les travaux d'art, 2º l'expertise, 3º la répartition individuelle.

Les travaux d'art comprennent, l'arpentage et la levée des plans.

L'expertise a pour but l'évaluation. Elle est faite par une commission de propriétaires ; c'est la commission des *vérificateurs et classificateurs*, désignés par le conseil municipal assisté des propriétaires les plus imposés à la contribution foncière.

L'expertise comprend la classification, l'évaluation et le classement.

La classification est l'opération qui a pour but de déterminer en combien de classes on divisera les propriétés de la commune. Le nombre des classes ne peut excéder cinq pour les propriétés autres que les maisons Les maisons peuvent être divisées en dix classes dans les communes rurales. Dans les villes, chaque maison est estimée séparément. L'évaluation est la détermination du revenu des propriétés.

Le classement consiste à répartir dans les classes les différentes parcelles de propriété.

La répartition individuelle est confiée au directeur des contributions directes.

RÉCLAMATIONS CONTRE LES OPÉRATIONS CADASTRALES.

Les parties intéressées peuvent réclamer à différentes époques :

1° Après la confection du plan parcellaire. Les réclamations sont reçues par l'ingénieur vérificateur.

2° Après l'expertise. Le préfet statue en conseil de préfecture.

3° Après le classement. C'est le conseil de préfecture qui statue.

Les réclamations doivent se produire dans des délais déterminés,

TITRE VI.

Changements de noms.

CHANGEMENTS DE NOMS. — RÉSUMÉ.

Cette matière est réglée par la loi du 11 germinal an XI.

La demande doit être adressée au ministre de la justice et insérée au *Moniteur*, à la requête du réclamant.

Le décret qui autorise le changement doit être inséré au *Bulletin des lois.*

TITRE VII

Conflits.

Le conflit, dans un sens large, est une contes-tation sur la compétence.

On distingue les conflits de *juridiction* et les conflits d'*attribution*, le conflit *positif* et le con-flit *négatif*.

Il y a conflit de juridiction lorsque la difficulté existe entre deux tribunaux de même ordre, par exemple deux tribunaux administratifs ou deux tribunaux judiciaires.

Le conflit d'*attribution* est celui qui existe

entre un tribunal administratif et un tribunal judiciaire.

Le conflit est *positif* lorsque les deux tribunaux se déclarent compétents ; il est négatif lorsque les deux tribunaux se déclarent incompétents.

Nous n'avons à nous occuper que du conflit d'attribution positif qui a été l'objet de l'ordonnance du 1er juin 1828.

Le conflit est élevé par le préfet, qui doit préalablement proposer un déclinatoire par l'intermédiaire du procureur impérial. Car si le tribunal se dessaisit volontairement de l'affaire en se déclarant incompétent, toute difficulté disparaît.

Si le tribunal se déclare compétent, le préfet rend un arrêt de conflit qui est déposé au greffe du tribunal saisi.

Le greffier le remet au procureur impérial qui le communique au tribunal.

A partir de ce moment, le tribunal doit surseoir jusqu'à ce que le conseil d'État ait statué.

Si le conseil d'État déclare que le conflit a été élevé à tort, le tribunal reprend l'affaire ; si le conseil d'État déclare le tribunal incompétent, ce tribunal se trouve dessaisi définitivement.

Le conflit ne peut pas être élevé devant les

tribunaux de commerce, les juges de paix et les tribunaux de simple police.

Il ne peut être élevé devant les tribunaux de police correctionnelle que dans deux cas. Mais il peut être élevé devant les tribunaux civils de première instance et devant les cours d'appel toutes les fois que le préfet estime qu'une affaire est de la compétence des juges ou tribunaux administratifs.

Nous avons dit que les préfets étaient les agents chargés d'élever le conflit. Il s'agit, en général, des préfets des départements. Mais il en est de même du préfet de police à Paris, en ce qui concerne ses attributions et même des préfets maritimes d'après la jurisprudence du conseil d'État.

TITRE VIII.

Congrégations religieuses.

Les congrégations religieuses d'hommes sont
tolérées, mais elles n'existent pas légalement en
France et ne sont pas, en conséquence, des personnes morales.

Les congrégations religieuses de femmes peuvent être autorisées.

Les textes à consulter en cette matière, sont la
loi du 24 mai 1815 et le décret du 31 janvier
1852.

En principe, les congrégations de femmes ne
peuvent être autorisées que par une loi.

Cependant depuis le décret du 31 janvier 1852, l'Empereur peut autoriser les congrégations qui adoptent les statuts de congrégations existantes déjà.

Les personnes faisant partie d'un établissement ne peuvent disposer par acte entre vifs ou par testament au profit de l'un de ses membres, au delà du quart de leurs biens, à moins que le don ou legs n'excède pas 10,000 fr. ou que la légataire ou donataire ne soit parent en ligne directe de la testatrice ou donatrice.

En cas d'extinction ou de révocation d'autorisation, les biens acquis par donations ou par testament font retour aux donateurs ou à leurs parents ainsi qu'à ceux des testateurs.

En cas de révocation, les membres de la congrégation ont droit à une pension alimentaire qui grève d'abord les biens acquis à titre onéreux, et subsidiairement les biens acquis à titre gratuit.

TITRE IX.

Contributions.

L'impôt est cette portion de revenus que les particuliers mettent à la disposition du gouvernement pour subvenir aux dépenses de la vie sociale.

Les impôts ne peuvent être perçus qu'autant qu'ils sont votés par le Corps législatif.

On les divise en impôts directs et en impôts indirects.

En impôts de répartition et en impôts de quotité.

Les impôts directs sont : l'impôt foncier, l'impôt personnel et mobilier, l'impôt des portes et fenêtres et celui des patentes.

L'impôt direct est celui qui est perçu d'après des rôles nominatifs.

L'impôt indirect est celui qui est perçu d'après des tarifs, mais sans rôles nominatifs, par l'usage qu'on fait de la chose imposée.

Ainsi, je suis inscrit sur des rôles comme propriétaire, le percepteur s'adresse directement à moi pour avoir la portion d'impôt à ma charge; tandis que je ne paie l'impôt sur les boissons ou sur le tabac qu'autant que j'en fais usage.

L'impôt de répartition est celui dont le montant est déterminé par la loi de finances, et dont la répartition est faite par le Corps législatif entre les départements, par les conseils généraux entre les arrondissements, par les conseils d'arrondissement entre les communes et par une commission de répartiteurs, nommés par le sous-préfet, entre les contribuables.

Aux trois premiers degrés, la répartition est faite d'après les renseignements fournis par l'administration sur la richesse et l'importance des départements, des arrondissements et des communes.

23.

Au dernier degré, la répartition se fait au moyen du cadastre parcellaire.

On ne pouvait pas se servir du cadastre pour les autres degrés de répartition par ce que les évaluations des parcelles ayant été faites par des propriétaires de la commune, on ne devait pas s'en rapporter à leur impartialité, tandis qu'au dernier degré, les fausses évaluations tendant à favoriser une commune aux dépens des autres, sont sans effets.

L'impôt de quotité est celui dont le montant ne peut pas être connu à l'avance. L'impôt des patentes et les impôts indirects sont de quotité. La somme qu'ils produisent ne peut pas être déterminée à l'avance. En effet, on ne peut pas fixer à l'avance l'usage qu'on fera de la chose imposable, chacun étant libre de faire à cet égard ce qu'il veut. On ne me fera pas fumer malgré moi ou boire du vin si je ne veux boire que de l'eau. Ce n'est donc qu'après la perception de l'impôt qu'on peut en connaître le montant.

IMPOTS DIRECTS.

Impôt foncier.

- La loi fondamentale est celle du 23 novembre 1798 (5 frimaire an VII).

L'impôt foncier est établi sur les propriétés immobilières, bâties ou non bâties ; il frappe le revenu net.

On entend par revenu net des terres, celui qui reste, déduction faite des frais de culture, semence, récolte et entretien.

Le revenu net des maisons est déterminé par leur valeur locative, déduction faite d'un quart pour frais d'entretien.

Pour les fabriques, forges, moulins et autres usines, on déduit un tiers.

Certaines propriétés sont exemptées d'impôts.

Les exemptions sont perpétuelles ou temporaires.

L'État ne paie pas le principal des contributions, par la raison qu'il ne peut pas se payer à lui-même.

Mais il est tenu des charges imposées à la propriété dans l'intérêt des communes (chemins vicinaux).

La couronne jouit de l'exemption de l'impôt, mais elle doit également les charges communales.

Les terres en friche depuis dix ans, que l'on met en culture, ne subissent pas d'augmentation d'impôt pendant dix ans, etc.

L'impôt foncier est une charge de la jouissance. En conséquence, lorsque l'usufruit est séparé de la propriété, c'est l'usufruitier qui le doit.

Le fermier est débiteur envers le fisc, mais c'est en déduction sur le montant du loyer dans ses rapports avec le locateur, à moins de conventions contraires.

Contribution personnelle et mobilière.

Cette contribution, comme son nom l'indique, est complexe.

La contribution personnelle est égale au prix de trois journées de travail.

Le prix de chaque journée peut varier de 50 c. à 1 fr. 50. Elle est due par chaque habitant ayant des moyens d'existence particuliers, soit par sa fortune, soit par sa profession.

La contribution mobilière est basée sur le montant du loyer. C'est une espèce d'impôt sur le revenu manifesté par le prix que chacun met à son loyer.

Ces deux contributions ont été réunies par la loi du 21 avril 1832.

Les communes ont la faculté de convertir en

droits d'octroi la contribution personnelle et mobilière. Les délibérations prises à cet effet par les conseils municipaux doivent être approuvées par l'Empereur.

Contribution des portes et fenêtres.

Cette contribution a été créée par la loi du 4 frimaire an VII. C'était alors un impôt de quotité. L'an X, il devint un impôt de répartition.

La loi du 26 mars 1831 lui restitua son caractère primitif.

Enfin, sous la loi du 21 avril 1832, il redevint impôt de répartition.

Cette contribution est établie sur les portes et fenêtres donnant sur les rues, cours et jardins des bâtiments et usines. Elle est basée sur la population des villes et communes, et sur le nombre des ouvertures et des étages.

La ville de Paris a été autorisée par le décret du 17 mars 1852, à établir un tarif combiné de manière à tenir compte à la fois de la valeur locative et du nombre des ouvertures.

Les propriétaires en sont tenus, sauf leur recours contre les locataires.

Cet impôt n'est pas dû pour les fenêtres et portes servant à éclairer et aérer les granges, bergeries, étables, greniers, cours et autres locaux non destinés à l'habitation des hommes, ainsi que les ouvertures de comble ou toiture des maisons.

Les fonctionnaires logés gratuitement par l'État, les départements, communes et établissements publics, sont imposés pour les portes [et fenêtres servant à leur usage personnel.

Répartition de l'impôt.

Nous avons déjà dit que les impôts de répartition étaient : l'impôt foncier, l'impôt personnel et mobilier, et l'impôt des portes et fenêtres.

La répartition est faite par le Corps législatif entre les départements, par les conseils généraux entre les arrondissements, par les conseils d'arrondissement entre les communes et enfin par une commission des répartiteurs nommés par le sous-préfet entre les contribuables.

Nous avons déjà dit que la répartition se faisait, au dernier degré, au moyen du cadastre.

Impôt des patentes.

Cet impôt de quotité fut créé par la loi du 2 mars 1791,

La loi fondamentale actuelle est celle du 25 avril 1844.

Plusieurs fonctions libérales exemptées de la patente par la loi de 1844, ont été soumises au droit commun par la loi du 15 mai 1850. Elles ont été frappées d'une contribution proportionnelle égale au quinzième de la valeur locative.

L'impôt des patentes, en général, se compose d'un droit fixe et d'un droit proportionnel.

Le droit fixe est réglé : 1 suivant un tarif général, eu égard à la population et à la classe d'industrie ; 2° suivant un tarif exceptionnel pour certaines professions ; 3° un tarif exceptionnel suivant la population.

Le droit proportionnel est, en général, du vingtième de la valeur locative. Quelques industries sont imposées au quinzième, d'autres ne le sont qu'au vingt-cinquième, trentième, cinquantième de la valeur locative.

Il est établi sur la valeur locative tant de la maison d'habitation que des magasins, ateliers, usines, etc.

Les patentes sont personnelles. En conséquence, tous les associés en nom collectif y sont assujettis.

Les contrôleurs des contributions directes pro-

cèdent annuellement au recensement des impo
sables et à la formation des matrices des patentes.

Le maire est prévenu de l'époque de l'opération du recensement et peut assister le contrôleur ou se faire représenter par un délégué.

La matrice dressée par le contrôleur reste déposée pendant dix jours au secrétariat de la mairie, afin que les intéressés puissent en prendre connaissance et remettre au maire leurs observations.
Le maire adresse la matrice au sous-préfet avec
ses observations. Le sous-préfet transmet ces
précis au directeur des contributions avec ses observations également. Le directeur des contributions transmet son avis, avec les observations des
maires et du sous-préfet, au préfet qui statue,
sauf recours au ministre des finances.

Le préfet arrête les rôles et les rend exécutoires.

Les demandes en décharge ou en réduction
sont instruites et jugées comme pour les autres
contributions directes.

Recouvrement des contributions directes.

Deux branches d'administration, sous les or-
dres du ministre des finances, prennent part au

recouvrement des contributions directes, 1º l'administration des contributions directes ; 2º l'administration du trésor.

Le préfet rend les rôles exécutoires.

Le maire les fait publier et les percepteurs en opèrent le recouvrement.

Les contributions directes sont payables par douzièmes.

Le contribuable en retard est susceptible d'être poursuivi après plusieurs avertissements.

Les poursuites sont exercées par voie de *contrainte*.

Les agents de poursuites sont les porteurs de contraintes et les garnisaires.

Les actes de poursuites sont : 1º la sommation avec frais ; 2º la garnison collective ou individuelle ; 3º le commandement ; 4º la saisie ; 5º la vente.

La vente des meubles ne peut avoir lieu qu'en vertu d'une autorisation du sous-préfet.

La saisie immobilière ne peut avoir lieu que dans le cas d'insuffisance des meubles et avec l'autorisation de l'administration supérieure.

Privilége du trésor.

Contribution foncière. Le trésor a un privilége pour la contribution de l'année échue et de l'année courante, sur les récoltes, fruits et revenus des biens immeubles sujets à la contribution.

Ce privilége n'existe pas sur la *propriété* des immeubles. Ce privilége s'exerce avant tout autre, excepté celui des frais de justice.

Contributions personnelle et mobilière, des portes et fenêtres et des patentes. Le trésor a un privilége général sur les meubles, dans ces cas, pour l'année échue et pour l'année courante.

Prescription.

L'obligation de payer l'impôt se prescrit par trois ans sans poursuites ou à partir des dernières poursuites. Chaque douzième se prescrit séparément.

Réclamations.

Ces réclamations sont des demandes en décharge ou en réduction, en remise ou modération.

Les demandes en décharge ou en réduction sont portées devant le conseil de préfecture qui statue, sauf recours au conseil d'État, car l'affaire est contentieuse : le réclamant prétend qu'il y a droit lésé.

Les demandes en remise ou en modération sont portées par voie gracieuse devant le préfet qui statue, sauf recours, par voie gracieuse, au ministre des finances. Mais l'affaire ne peut pas aller jusqu'au conseil d'État.

Compétence en matière de contributions directes.

La compétence administrative est la règle, tandis qu'en matière de contributions indirectes c'est la compétence judiciaire.

Centimes additionnels.

C'est une addition au principal et en proportion du montant des contributions directes.

On distingue trois espèces de centimes additionnels : 1° centimes législatifs ou généraux; 2° centimes départementaux; 3° centimes communaux.

Contributions assimilées aux contributions directes.

Ces contributions sont : 1° l'impôt sur les biens de *main-morte*; 2° l'impôt sur les mines; 3° les prestations pour les chemins vicinaux; 4° les droits perçus au profit des pauvres, sur les entreprises de spectacles, concerts et fêtes publics, etc.

L'impôt des biens de main-morte est une taxe spéciale représentant les droits de mutation auxquels ces biens ne sont pas ordinairement exposés. Cet impôt est de 62 centimes et demi du principal de la contribution foncière.

CONTRIBUTIONS INDIRECTES.

Ces contributions sont ainsi nommées parce qu'elles n'atteignent les citoyens qu'indirectement, c'est-à-dire qu'autant qu'ils font usage des objets taxés. Nous avons dit, au contraire, que les contributions directes étaient perçues d'après des états nominatifs.

La nomenclature des contributions indirectes comprend les boissons, les douanes, les tabacs, les postes, les octrois, l'or, l'argent, les sels, les poudres, l'enregistrement, le timbre, les cartes à jouer, etc.

Quant à présent, nous ne nous occuperons que des boissons.

Les impôts que nous nommons contributions indirectes aujourd'hui, étaient connus, avant la Révolution, sous les noms d'*aides et gabelles* et *droits joints aux aides.*

De grands abus avaient rendu ces impôts intolérables ; l'Assemblée constituante les supprima.

Ils furent rétablis sous le Consulat et l'Empire.

L'administration des contributions indirectes porta, jusqu'en 1814, le nom de *régie des droits réunis*. La Restauration changea ce nom en celui d'administration des contributions indirectes.

Boissons.

Les droits sur les boissons sont de plusieurs espèces :

1° Droits de circulation sur vins, cidres, poirés, hydromels ;

2° Droits d'entrée sur vins, cidres, spiritueux, poirés, hydromels ;

3° Droits de vente en détail sur vins seulement ;

4° Droits de consommation sur les spiritueux seulement ;

5° Droits de fabrication sur bières et sucres ;

6° Droits de licence.

Droits de circulation.

Celui qui veut déplacer des boissons est obligé

de le déclarer à la recette buraliste, où il lui est délivré une *expédition*.

Ce terme est générique, et s'applique aux actes suivants : le *congé*, l'*acquit à caution*, le *passavant* et le *laissez-passer*.

Droits d'entrée.

Ces droits ne doivent pas être confondus avec ceux de l'octroi. Les premiers sont perçus au profit du Trésor, les autres au profit des villes.

A ces droits se rattachent le *passe-debout*, le *transit* et l'*entrepôt*.

Droits de détail.

Ces droits sont exigés des débitants de boissons.

Les débitants sont soumis, à cet effet, à l'*exercice*.

L'*exercice* peut être remplacé par les abonnements qui sont de trois espèces : 1° abonnements individuels ; 2° par commune ; 3° collectifs.

Droits de fabrication.

Ces droits sont établis sur la bière, à raison des quantités fabriquées. Ils donnent lieu à l'*exercice* ou à l'*abonnement*.

Licence.

C'est une espèce de patente particulière pour les débitants. Il y en a de plusieurs sortes.

Impôt sur le sel.

Avant la Révolution de 1789, c'était, sous le nom de *gabelle*, l'impôt le plus impopulaire, et à juste titre. Il fut supprimé par la loi du 2 mars 1790. L'Empire le rétablit.

Le gouvernement provisoire l'abolit de nouveau, mais l'Assemblée législative le rétablit.

C'est un impôt de consommation. L'acheteur le doit au moment de l'enlèvement. Les fabriques et salines sont soumises à l'exercice.

TITRE X.

Cours d'eau

Les cours d'eau se divisent : en rivières navigables et flottables, en rivières non navigables ni flottables, et en canaux artificiels non navigables.

Rivières navigables et flottables.

Les rivières navigables et flottables font partie du domaine public, et sont par conséquent, inaliénables et imprescriptibles.

Des concessions peuvent être faites, mais elles sont toujours révocables.

Elles sont déclarées navigables et flottables par l'Empereur sur l'avis du conseil d'État.

Chemin de halage et marchepied.

Le chemin de halage est distiné aux animaux et aux hommes pour le halage des bateaux.

Le marchepied ne sert qu'aux hommes employés au même travail.

Ces chemins sont des servitudes imposées aux propriétés riveraines. En conséquence, si la servitude vient à s'éteindre, le sol du chemin appartient au propriétaire riverain. Cette servitude s'éteindrait dans le cas où la rivière cesserait d'être navigable et flottable.

Rivières non navigables ni flottables.

Les propriétaires riverains, dit-on dans une opinion, sont propriétaires du lit de ces rivières par droit d'accession. L'État règle l'usage des cours d'eau ; il en ordonne le curage ; il exerce en quelque sorte une tutelle administrative.

Compétence.

Le conseil de préfecture est compétent pour les délits ayant pour but ou pour effet de compromettrè la sûreté de la navigation, et en ce qui concerne les rivières non navigables, pour les difficultés relatives à la répartition des frais de curage.

Quant aux faits qui constitueraient des atteintes à la propriété riveraine, les tribunaux judiciaires seraient compétents.

Irrigations.

Une servitude d'aqueduc a été créée dans l'intérêt de l'agriculture et de l'industrie par la loi du 29 avril 1845, aux termes de laquelle tout propriétaire qui veut se servir des eaux naturelles ou artificielles, pour l'irrigation de ses propriétés, peut en obtenir le passage sur les fonds intermédiaires, à la charge d'une juste et préalable indemnité. Sont exceptés, toutefois, les cours, jardins, enclos et maisons.

TITRE XI

Domaine national.

Les biens appartenant à la nation se divisent en domaine public, domaine de l'État et domaine de la couronne.

Domaine public.

Il ne faut pas confondre le domaine public avec le domaine de l'État.

Les biens de l'État sont aliénables et prescriptibles.

Les biens du domaine public sont inaliénables et imprescriptibles.

Le domaine public est l'ensemble des biens dont la propriété est à la nation et qui sont destinés à notre usage ou à notre sécurité ; tels sont les chemins publics, les fleuves, les fortifications, etc.

L'expression *domaine de l'État*, au contraire, s'applique aux choses qui sont pour l'État une espèce de propriété qu'on peut comparer à la propriété privée.

L'article 539 du Code civil a, bien à tort, confondu les biens du domaine public avec les biens de l'État. Cette erreur a été commise par le législateur de 1807 qui se figura avoir remplacé une dénomination républicaine par une dénomination monarchique, en mettant l'expression *domaine public* à la place de *domaine de la nation*.

Domaine militaire.

Le domaine militaire fait partie du domaine public.

Il comprend les places de guerre et les terrains qui en dépendent.

On distingue, dans une place de guerre, les *terrains militaires* et le *rayon de défense*.

Les terrains militaires comprennent les fortifications, les terrains intérieurs et extérieurs qui en sont les accessoires.

Le rayon de défense comprend une certaine étendue de terrains, autour des places de guerre, laissés libres pour faciliter la défense. Il se divise en trois zones grevées de servitudes plus ou moins onéreuses, suivant que les terrains appartiennent à une zone plus ou moins rapprochée.

Les conseils de préfecture sont compétents pour connaître des contraventions aux lois concernant la défense publique, et commises sur les terrains militaires ou dans le rayon de défense.

Domaine de la couronne.

Le domaine de la couronne est, dans les États monarchiques, l'ensemble des biens affectés à la jouissance du roi ou de l'empereur.

Cette expression de domaine de la couronne se prend aussi par opposition à la dotation en argent qu'on nomme spécialement *liste civile*.

Le domaine de la couronne est inaliénable et imprescriptible. Il n'est pas imposé; il supporte cependant les charges départementales et communales.

Domaine privé.

Ce domaine se compose des biens acquis par

l'empereur, pendant son règne, à titre gratuit ou onéreux. Ces biens sont assujettis à l'impôt, selon le droit commun. Ils sont aliénables et prescriptibles.

Domaine de l'État.

Les biens de l'État sont ceux qui sont dans le patrimoine privé de la nation, et qui sont prescriptibles et aliénables comme ceux des particuliers.

Le domaine forestier est le plus important.

Une administration particulière est chargée de la gestion des forêts.

Cette administration est divisée en administration centrale et en service actif.

Les forêts de l'État ne sont pas les seules qui soient soumises au régime forestier ; il en est de même des forêts de la couronne, de celles des communes, des établissements publics et des forêts indivises entre les particuliers et l'État ou les communes et établissements publics.

La soumission au régime forestier a pour conséquence l'aménagement, c'est-à-dire la détermination du mode d'exploitation et de l'ordre des coupes.

La vente des produits se fait par voie d'adjudication.

Les particuliers et les communes ont, dans certaines forêts de l'État, des droits d'usage.

Ces droits sout de plusieurs espèces : l'affouage, le marronnage, le pâturagé, etc.

L'affouage est le droit au bois de chauffage.

Le marronnage, le droit au bois de construction.

Les droits des usagers sont réglés d'après l'état et la possibilité des forêts. Les contestations qui peuvent s'élever à cet égard, ainsi que sur la défensabilité, sont de la compétence du conseil de préfecture.

L'État peut s'affranchir des servitudes par le cantonnement ou le rachat.

Le cantonnement s'applique à l'affouage et au marronnage ; le rachat au pâturage.

Les usagers qui out droit à des livraisons de bois de quelque nature que ce soit, ne peuvent les prendre qu'après que la délivrance leur en a été faite par les agents forestiers.

L'article 105 du Code forestier dit que le partage des coupes usagères se fait par feu, c'est-à-dire par chef de famille, s'il n'existe aucun usage contraire.

Bois des particuliers. — Défrichement.

Le propriétaire ne peut pas défricher ses bois sans avoir obtenu l'autorisation.

A cet effet, il dépose une déclaration en double minute à la sous-préfecture de l'arrondissement dans lequel est situé le bois à défricher. Chaque minute est visée par le sous-préfet qui en rend une au déclarant, et transmet l'autre à l'agent forestier supérieur de l'arrondissement. L'agent forestier dresse un rapport qu'il transmet au conservateur. Si le conservateur estime que le bois ne doit pas être défriché, il fait signifier une opposition au propriétaire et en réfère au préfet. Le délai qu'a l'administration pour signifier son opposition est de six mois. Ce délai passé, le propriétaire peut passer outre. Les pièces sont transmises au ministre des finances. L'Empereur statue.

Il y a certaines exceptions à la règle que le propriétaire ne peut pas défricher sans autorisation.

Gestion du domaine de l'État.

L'administration chargée de la gestion du patrimoine de l'État, est la direction générale de l'enregistrement et des domaines.

Les baux sont adjugés aux enchères.

Modes d'acquisition.

L'État acquiert par succession, donation, legs, échanges, prescription, etc.

Les donations et legs doivent être autorisés par l'Empereur.

Aliénation.

L'ordonnance de Moulins, en 1566, avait déclaré les biens de l'État inaliénables. Le gouvernement n'a pas encore aujourd'hui le droit d'aliéner les biens de l'État ; il ne peut le faire, en général, qu'en vertu d'une loi. Ainsi quand on dit que les biens de l'État sont aliénables, cela signifie qu'ils peuvent être aliénés avec l'accomplissement des formalités voulues par la loi.

L'État aliène par vente, concession et échange.

La vente est le mode ordinaire d'aliénation. Elle a lieu, généralement, aux enchères. Elle est faite par le préfet.

Les effets juridiques de la vente sont régis par le droit commun. Le prix est recouvré en vertu du procès-verbal d'adjudication.

L'aliénation par concession a lieu sous l'empire de circonstances exceptionnelles. C'est par respect pour certains intérêts ou pour favoriser l'embellissement des villes.

Les concessions sont faites purement et simplement ou sous certaines conditions.

En principe, la concession ne peut avoir lieu qu'en vertu d'une loi. Mais il y a des exceptions à cette règle : 1° en cas d'expropriation pour cause d'utilité publique, une loi n'est pas nécessaire, l'aliénation est justifiée par le décret qui déclare l'utilité publique ; 2° en cas de concessions de marais ; 3° dans les cas où certaines personnes ont des droits de préemption. La préemption est le droit qu'ont certaines personnes d'être préférées lorsqu'elles veulent acheter certains biens. Ainsi, lorsque des terrains ont été acquis pour des travaux d'utilité publique, et qu'ils ne reçoivent pas la destination projetée, le propriétaire est préféré s'il veut les racheter, etc. (Voir d'autres cas de préemption, p. 332 du Droit Administratif.)

Compétence en matière domaniale.

L'art. 4 de la loi du 28 pluviôse an VIII, décide que le conseil de préfecture statuera « sur le contentieux des domaines nationaux. » Ce texte, plus bref que facile, a été l'objet de controverses très-sérieuses.

Voyons d'abord ce qu'il faut entendre par *domaines nationaux*.

Le domaine national comprend tous les biens mobiliers et immobiliers de la nation, quelle qu'en soit la provenance. Il fut considérablement augmenté par suite de la réunion de tous les biens des communautés religieuses et de la confiscation de ceux des émigrés, à la suite de la Révolution de 1789, par les lois des 2 novembre 1789, 12 avril 1791, 9 février, 27 juillet 1792, 28 mars 1793, 11 juillet 1794.

L'Assemblée constituante et la République ordonnèrent la vente de ces biens, et les Constitutions de l'an III et de l'an VIII décrétèrent l'irrévocabilité des ventes, même dans le cas où l'État, par erreur, aurait vendu la chose d'autrui, sauf au propriétaire à réclamer une indemnité de la part de l'État.

Cette mesure exorbitante avait pour but d'attirer les acheteurs en les rassurant contre les tiers qui, à tort ou à raison, auraient pu les troubler dans leur possession.

Cette mesure purgeait également les hypothèques et anéantissait tous autres droits réels qui n'avaient pas été déclarés lors de l'adjudication.

La loi du 28 pluviôse an VIII décida que les difficultés qui pourraient s'élever en matière de biens nationaux, seraient jugées par le conseil de préfecture, par dérogation au droit commun. Sans cette disposition expresse de la loi, ces contestations auraient été jugées par les tribunaux judiciaires, car il ne s'agit pas ici de l'appréciation d'un acte administratif; l'État, dans la vente de ses biens, peut être assimilé au particulier qui vend les siens; cette vente, en d'autres termes, n'est pas un acte administratif ordinaire, mais un acte concernant le patrimoine privé de l'État. Cette dérogation avait encore pour but d'assurer aux acheteurs la protection du vendeur lui-même se constituant juge dans sa propre affaire.

Tel est l'état de la législation jusqu'en 1814.

Mais quelle est maintenant l'étendue de la compétence du conseil de préfecture en matière de domaines nationaux?

Est-il compétent lorsqu'un particulier revendique des biens contre l'État possesseur?

Non. Les questions de propriété entre l'État possesseur et les tiers, sont jugées par les tribunaux ordinaires (lois des 15-27 mars 1791, 19 nivôse an iv, art. 69 du C. de procédure civile.)

Il n'y a lieu à la compétence administrative qu'autant que les biens nationaux ont été vendus; car, nous l'avons dit, l'intention du législateur était d'attirer les acheteurs en les rassurant contre les actions des tiers, plutôt que de donner à l'État l'avantage de la juridiction administrative.

Les biens étant vendus, des contestations peuvent surgir :

1° Entre l'Etat et l'adjudicataire ;

2° Entre l'Etat et un tiers ;

3° Entre l'adjudicataire et un tiers.

1° *Contestations entre l'État et l'adjudicataire.* — Le conseil de préfecture statue sur la demande en nullité de la vente pour erreur dans la contenance et en même temps dans la désignation des tenants et aboutissants; ou bien quand, par erreur, la vente comprend des choses inaliénables.

Le conseil de préfecture est également compétent pour interpréter les clauses du cahier des charges quand le sens n'est pas évident, et qu'il s'élève des difficultés à ce sujet.

Quant aux difficultés d'une autre nature, par exemple s'il s'agissait de la nullité de la vente pour non paiement de prix, elles seraient de la compétence du préfet.

2° *Entre l'État et un tiers.* — Cette compétence a cessé d'être administrative. Depuis 1814, l'État a cessé de rendre l'acquéreur propriétaire lorsqu'il ne l'est pas lui-même ; par conséquent le tiers qui se prétendra propriétaire revendiquera la chose devant les tribunaux judiciaires, au lieu d'adresser purement et simplement à l'administration une demande en indemnité.

Quant aux biens vendus jusqu'en 1814, les prétentions des tiers sont depuis longtemps frappés de déchéance. La restriction de la compétence des conseils de préfecture est due à la charte de 1814 qui a aboli la confiscation. C'était en effet une espèce de confiscation, puisque l'État retirait au propriétaire sa chose pour la faire passer dans le patrimoine de l'acheteur. L'indemnité allouée au propriétaire, en enlevant à la confiscation ce qu'elle a d'odieux, ne laissait pas moins subsister une violation flagrante de la propriété. Cette espèce de confiscation n'existe donc plus aujourd'hui. Mais le conseil de préfecture n'a pas moins conservé une certaine compétence en matière domaniale, quoiqu'il ne soit pas nécessaire aujourd'hui de protéger les ventes domaniales plus que les ventes faites par les particuliers.

Il importe donc bien au point de vue de la question que nous avons traitée sous le 2°, de distinguer deux périodes : 1° avant la charte de 1814 ; 2° après la charte de 1814.

3° *Entre l'adjudicataire et un tiers.* — Les questions qui touchent à la propriété sont de la compétence des tribunaux judiciaires. Mais il peut s'élever des doutes sur le sens des clauses de la vente. Le tribunal doit alors renvoyer, pour l'interprétation, devant le conseil de préfecture, tout en retenant l'affaire au fond pour la juger ensuite. Mais cette compétence est restreinte à l'interprétation du titre conféré par l'Etat à l'acheteur, et ne peut s'étendre à d'autres actes relatifs aux mêmes biens.

Les dispositions relatives aux ventes des domaines nationaux sont-elles applicables aux baux faits par l'État ?

Non. Les dispositions qui concernent les ventes sont exorbitantes, et ce n'est pas le cas de dire :

qui peut plus peut moins. Les baux sont des actes tout autres que les ventes, et il n'est pas possible de leur appliquer les motifs qui ont déterminé le législateur de la Révolution à soumettre les ventes à des règles particulières. En conséquence, nous dirons que les difficultés qui pourront s'élever entre l'État et le fermier seront jugées par les tribunaux judiciaires.

Le législateur a reconnu ce principe dans la loi sur la pêche fluviale, en décidant que les difficultés survenues entre l'État et l'adjudicataire seraient jugées par les tribunaux judiciaires.

Dans certains cas cependant, il y a lieu à la compétence administrative, mais ces exceptions ne sont que la confirmation d'une règle basée sur les principes fondamentaux de nos lois civiles. Les baux sont, en effet, des contrats passés avec l'État assimilé, comme locateur de ses biens, à un simple particulier.

Voici des exceptions à la règle que nous venons de faire connaître :

1° Les contestations qui s'élèvent, dans le cas de fermage de bacs et ponts entre l'État et les fermiers, sont de la compétence des conseils de préfecture.

Les contestations entre les fermiers et les tiers

relativement au péage, sont de la compétence judiciaire (loi du 6 frimaire an VII).

Nous avons dit, ailleurs, que l'État était représenté par le préfet, dans les actions domaniales, devant les tribunaux judiciaires, en première instance et en appel.

En matière administrative, devant le conseil de préfecture, il est également représenté par le préfet, quoique ce fonctionnaire siége lui-même au conseil de préfecture. Mais, à la différence de ce qui a lieu devant les tribunaux judiciaires, l'État n'est pas représenté en appel devant le conseil d'État par le préfet, mais par le ministre.

Nous avons dit également que celui qui intente un procès à l'État doit adresser au préfet un mémoire dans lequel il expose sa prétention et ses moyens, afin que ce fonctionnaire puisse proposer une transaction s'il le juge convenable. Ce mémoire *interrompt* la prescription comme celui qu'est tenu d'adresser au préfet un adversaire de la commune, agissant comme demandeur ; tandis que le mémoire qui précède une demande contre un département a pour effet seulement de *suspendre* la prescription.

TITRE XI

Douanes.

On entend par *douanes* les droits perçus à titre de contributions indirectes sur certains produits à leur entrée ou à leur sortie des frontières. Mais l'impôt n'est pour ainsi dire qu'un résultat, car le but est de protéger l'industrie nationale contre la concurrence étrangère.

On distingue trois systèmes de douanes : 1° le système de prohibition ; 2° le système de protection ; 3° le système de liberté ou de libre échange.

Le système de prohibition absolue n'existe pas aujourd'hui en Europe. Il consistait à vendre aux nations étrangères et à ne rien leur acheter.

Le système de protection consiste dans l'établissement de tarifs, combinés de manière à protéger l'industrie française contre la concurrence de l'industrie étrangère.

Le libre échange, c'est la liberté du commerce, c'est-à-dire la suppression des douanes.

Le système qui régit la France est celui de protection.

La surveillance, pour empêcher la contrebande, s'exerce sur une étendue de terre et de mer qu'on nomme *rayon frontière de terre* et *rayon frontière de mer*. Cette étendue est de quatre lieues, parallèles à la frontière.

Il y a des droits d'importation et des droits d'exportation.

L'intérêt du commerce exige que les marchandises séjournent en France ou traversent le territoire sans payer des droits. De là, l'*entrepôt* et le *transit*.

On entend par entrepôt, les magasins où sont déposées les marchandises ou le dépôt lui-même.

L'entrepôt est *réel* ou *fictif;* réel, lorsqu'il s'effectue dans des dépôts publics; fictif, lorsqu'il a lieu chez les particuliers eux-mêmes.

Le *transit* est le transport des marchandises étrangères à travers la France et à destination étrangère. Ceux qui veulent faire transiter donnent caution pour garantir la sortie des marchandises, et il leur est délivré un *acquit à caution*.

Le *cabotage* est le transit par mer, d'un port de France à l'autre.

TITRE XII

Drainage.

Le drainage est un mode d'assainissement des terrains trop humides, au moyen de tuyaux en terre cuite, enfoncés dans des tranchées et placés bout à bout, suivant une certaine pente.

La loi qui règle cette matière est celle du 10 juin 1854.

Cette loi établit une servitude qui permet au propriétaire qui veut assainir son fonds, d'en conduire les eaux à travers les propriétés intermédiaires à un cours d'eau ou toute autre voie d'écoulement.

Les propriétaires des fonds voisins ou traversés peuvent se servir des travaux exécutés à la condition de supporter : 1° une part proportionnelle dans la valeur des travaux dont ils profitent ; 2° les dépenses résultant des modifications que l'exercice de cette faculté peut rendre nécessaire ; 3° pour l'avenir, une part contributive dans l'entretien des travaux devenus communs.

Des associations de propriétaires peuvent se former pour l'assèchement en commun. Elles peuvent être constituées en syndicats, par arrêtés préfectoraux, et jouir du droit de faire exproprier, pour cause d'utilité publique, les propriétaires dont les terrains seraient nécessaires à l'exécution des travaux.

TITRE XIII

Enregistrement.

L'enregistrement est une formalité qui consiste dans la relation d'un acte ou d'une mutation sur un registre à ce destiné.

C'est la relation, la mention de l'acte, à la différence de la transcription qui est la copie de l'acte sur un registre public.

Notions historiques.

L'enregistrement a été créé par un édit de 1581.

La loi du 5 décembre 1790 le réorganisa et supprima de nombreux abus.

Cette loi n'avait pas frappé les mutations secrètes. Mais ce fut l'objet de celle du 9 vendémiaire an VI.

La législation fut refondue dans la loi du 22 frimaire an VII, dont le but a été l'augmentation des
revenus du trésor. Ajoutons à cette loi celle du
27 ventôse an IX, et nous aurons le code de l'enregistrement.

Mais de nombreuses modifications de tarifs
ont été les objets de plusieurs lois subséquentes
(28 avril 1816, 15 mai 1818, 21 avril 1853,
15 mai 1850, etc., etc.).

Les droits d'enregistrement se divisent en
droits fixes et droits proportionnels, droits d'actes
et droits de mutation.

Les droits fixes sont invariables en ce sens
qu'ils n'augmentent pas avec l'importance de la
matière imposable. Mais on distingue plusieurs
catégories d'actes sujets à des droits fixes. Ainsi,
il y a des actes taxés à 1 fr., à 2 fr., à 3 fr., etc.

Les droits fixes correspondent aux actes *déclaratifs* de droits ou de propriété.

On divise les actes sujets à droits fixes en actes
nommés et innomés.

Les actes nommés sont ceux qui sont désignés
par la loi et taxés formellement.

Les actes innomés sont ceux que la loi n'a pas désignés et qu'elle a taxés d'une manière gé-nérale. Le droit pour les actes innomés était fixé à 1 fr. par la loi de l'an vii; il a été élevé à 2 fr. par la loi du 15 mai 1850.

Le principe des droits fixes est contenu dans l'art. 3 de la loi de l'an vii, ainsi conçu : « Le droit fixe s'applique aux actes soit civils, soit judiciaires ou extrajudiciaires qui ne contiennent ni obligation, ni libération, ni condamnation, ni collocation ou liquidation de sommes et va-leurs, ni transmission de propriété, d'usufruit ou de jouissance de biens meubles ou immeubles. Il est perçu aux taux réglés par l'art. 68 de la présente loi. »

Cet art., au lieu de dire ce que sont les droits fixes, nous dit ce qu'ils ne sont pas. C'est une manière sans doute de nous faire connaître la pensée du législateur, mais, généralement, ce n'est pas ainsi qu'on procède pour donner une définition.

Les droits proportionnels sont ceux qui aug-mentent proportionnellement à l'importance de la matière imposable. C'est 1 p. 100, 2 p. 100, etc. Il y a autant de fois un franc ou deux francs, etc., qu'il y a de fois cent dans la valeur sujette au droit. Les droits proportionnels constituent, par conséquent, la partie principale de l'impôt de l'enregistrement.

Le principe des droits proportionnels se trouve dans l'art. 4 de la loi de l'an VII : « Le droit proportionnel est établi pour les obligations, libérations, condamnations, collocations ou liquidations de sommes et valeurs, et pour toute transmission de propriété, d'usufruit ou de jouissance de biens meubles et immeubles, soit entre-vifs, soit par décès. Ses quotités sont fixées par l'art. 69 ci-après. *Il est assis sur les valeurs.* »

Comme on voit, la loi a procédé autrement que pour les droits fixes, elle a procédé par affirmation et non par négation comme dans l'art. 3.

Il est assis sur les valeurs, c'est-à-dire que le droit fixe est susceptible d'être perçu quand une valeur est en mouvement, quand elle passe d'une personne à une autre ; en d'autres termes, le droit fixe frappe les actes *translatifs.*

Ainsi, nous disons que les droits sont fixes ou proportionnels, que les actes qui engendrent les droits fixes sont nommés ou innomés.

Mais le droit proportionnel ne peut être perçu que sur les actes nommés, parce que c'est un véritable impôt et que l'impôt ne peut être perçu qu'autant qu'il a été autorisé par le législateur.

Le droit fixe est plutôt le prix d'une formalité qu'un impôt proprement dit. De là nous tirerons la conséquence que le droit fixe n'est pas susceptible de restitution, tandis que le droit proportionnel étant un impôt est susceptible de restitution dans certains cas.

Les droits d'enregistrement se divisent encore en droits d'actes et droits de mutation.

Les droits de mutation sont ceux qui frappent les transmissions immobilières, en propriété ou usufruit et de toute espèce de biens par décès.

Les droits d'actes, par conséquent, sont ceux qui sont perçus sur tout ce que cette définition n'embrasse pas. Ainsi les droits sur les obligations, les libérations, les transmissions en propriété ou usufruit de meubles, etc., sont des droits d'actes.

Il y a intérêt à distinguer les droits d'actes des droits de mutation. Les droits de mutation peuvent être recherchés par la régie lorsque le redevable ne s'offre pas spontanément pour les acquitter, tandis que les droits d'actes ne peuvent pas être recherchés. Ils ne sont perçus qu'autant qu'on fait enregistrer les actes ou qu'on en fait usage en justice, ou qu'on les mentionne dans d'autres actes présentés à l'enregistrement.

L'enregistrement est avant tout une mesure fiscale, mais il a aussi quelques effets utiles. Nous allons, à cet égard, le considérer par rapport aux actes sous seing privé, aux actes des notaires, aux jugements et aux procès-verbaux.

Actes sous seing privé. L'enregistrement leur donne date certaine et assure leur existence en ce sens que si l'acte est perdu, l'enregistrement, quoiqu'il n'en soit pas la copie, en mentionne du moins l'objet.

Les actes sous seing privé ont date certaine également par la mort d'une personne qui les a signés et par leur relation dans un acte authentique (1328, Code civil). Mais ils ne sont pas exemptés pour cela de l'enregistrement qui est, avant tout, une mesure fiscale.

Actes notariés. L'enregistrement, d'après la loi de 1790, leur donnait date certaine. La loi de l'an VII avait gardé le silence sur cette question, mais celle du 27 ventôse an IX a déclaré que les officiers publics donneraient date certaine à leurs actes. L'enregistrement contribue à assurer l'existence de ces actes, mais il est, dans ce cas, bien plus que dans le précédent, une mesure fiscale.

Exploits et procès-verbaux. Le défaut d'enregistrement, dans le délai prescrit, emporte nullité de l'acte.

Jugements. Le jugement a date certaine par lui-même ; l'enregistrement est surtout encore ici une mesure fiscale.

Actes enregistrés, actes enregistrés en débet, actes enregistrés gratis, actes exemptés d'enregistrement.

La perception des droits a lieu généralement lorsque la formalité s'accomplit. Dans certains cas l'enregistrement a lieu et les droits sont perçus plus tard ; on dit alors que les actes sont enregistrés en *débet*. Dans cette classe sont les procès-verbaux dressés, et les jugements rendus dans un intérêt social de répression. Certains actes sont enregistrés gratis, par exemple les acquisitions pour l'État, les expropriations pour cause d'utilité publique. Certains actes sont dispensés d'enregistrement, par exemple les actes de l'État civil, les lettres de change, si elles sont payées avant l'assignation, et les billets à ordre avant le protêt, etc.

DROITS FIXES.

Nous nous abstiendrons souvent de faire connaître le taux des droits qui ne présente aucun intérêt. On peut d'ailleurs le voir dans les tarifs des articles 68 et 69 de la loi de l'an VII et des lois subséquentes. Ces droits sont toujours augmentés d'un décime, le fameux décime de guerre qui s'est aussi bien accommodé de la paix que de la guerre.

Ce qu'il importe de savoir, c'est si les droits sont fixes ou proportionnels. La connaissance des principes de la loi civile est un puissant auxiliaire pour l'application de la loi fiscale.

Nous avons dit que les actes assujettis aux droits fixes étaient les actes déclaratifs. Dans cette classe, la loi range les renonciations aux successions, legs et communautés.

Les résiliements, lorsque la résolution s'opère dans les vingt-quatre heures, qu'ils sont constatés par actes authentiques et qu'ils mettent les choses dans l'ancien état. En fixant le délai à vingt-quatre heures, la loi a voulu donner aux parties le temps de la réflexion. Ce délai passé, le résiliement serait taxé comme s'il y avait rétrocession, c'est-à-dire qu'un nouveau droit serait exigible.

Les dépôts sont déclaratifs. Le déposant, en recevant la chose déposée, n'acquiert pas, mais reprend ce dont il n'a pas cessé d'être propriétaire. Cependant les dépôts d'argent faits chez les particuliers, à la différence de ceux qui sont faits chez les officiers publics ou dans les caisses publiques, sont soumis au droit proportionnel, comme prêts d'argent (1 p. 100), parce que le législateur a craint qu'on ne déguisât les prêts sous le nom de dépôt pour se soustraire à l'obligation d'acquitter les droits.

Le mandat engendre également un droit fixe. Le mandant reçoit du mandataire sa propre chose et n'acquiert pas. Le récépissé qu'il lui donne n'est pas une quittance, mais une décharge.

Les ratifications, les prestations de serment, les transactions sont soumises également aux droits fixes.

Cependant la transaction peut engendrer un droit proportionnel, c'est lorsqu'une des parties transfère à l'autre la propriété d'une chose non litigieuse pour éviter ou terminer le litige.

Les jugements donnent lieu tantôt à un droit fixe, tantôt à un droit proportionnel.

Dans la Société, quoiqu'il y ait transport, au profit de l'être moral la Société, des apports des associés, il n'y a pas lieu de percevoir des droits proportionnels.

Il en est de même du contrat de mariage qui ne contient que des déclarations d'apports de la part des époux, car s'il contient des donations, il est soumis au droit proportionnel.

Ces dispositions exceptionnelles ont leur raison d'être dans la faveur que méritent le développement de l'industrie et les unions légitimes.

DROITS PROPORTIONNELS.

Nous avons vu déjà que le droit proportionnel était perçu lorsqu'une valeur passait d'une personne à une autre.

Sont soumis aux droits proportionnels, par conséquent, les actes portant obligation, libération, transmission de propriété ou d'usufruit à titre gratuit ou à titre onéreux.

La perception de ces droits est soumise à certaines règles mal définies par la loi, et qui donnent lieu par conséquent à beaucoup de difficultés.

Voici comment on peut formuler ces règles générales :

1° Le droit n'est dû sur une disposition qu'autant qu'il a été prévu par la loi.

Le droit proportionnel est une source considérable des revenus publics, or, il est de principe que les impôts ne peuvent être établis que par la volonté du législateur.

2° Le droit ne peut être perçu qu'autant que la convention est parfaite.

A cette règle se rattachent les deux questions suivantes :

L'acte nul doit-il l'impôt?

L'impôt perçu malgré la nullité est-il susceptible de restitution?

3° Le droit n'est dû qu'autant que la convention a un effet actuel.

Une convention suspendue par une condition serait imparfaite.

4° Une même disposition ne peut donner ouverture qu'à un seul droit.

Obligations (1 p. 100).

Les obligations engendrent un droit proportionnel parce qu'elles supposent une valeur en mouvement.

Ainsi le prêt d'argent est soumis au droit de 1 p. 100,

Le prêt à usage n'est pas tarifé. Il est par conséquent assujetti au droit fixe de deux francs, comme acte innomé.

Les obligations sont principales ou accessoires.

27.

Les obligations accessoires, celles des cautions, sont soumises au demi droit (50 centimes p. 100). Il y a autant de droits que de cautions. Mais les certificateurs ou cautions de cautions, ne sont assujettis qu'à un droit fixe (2 francs).

Les débiteurs solidaires, quel que soit leur nombre, ne sont assujettis qu'à un seul droit. Cette différence avec le cautionnement vient de ce qu'il n'y a qu'une obligation dans la solidarité, tandis qu'il y en a deux ou plusieurs dans le cautionnement.

La novation est l'extinction d'une obligation par la création d'une autre. Elle s'opère de trois manières : 1° par la substitution d'un débiteur à un autre ; 2° d'un créancier à un autre ; 3° d'une chose à une autre.

L'acte qui opère la novation présente trois causes de perception : 1° l'ancienne obligation, 2° son extinction , 3° la formation de la nouvelle obligation.

Mais un droit unique doit être perçu. En effet, on ne peut rien percevoir sur la première obligation qui a cessé d'exister.

Quant à l'extinction, elle n'est que la conséquence de la nouvelle obligation qui doit seule être taxée.

La délégation est soumise également au droit proportionnel de 1 p. 100 (v. p. 406 du *Droit administratif*).

La cession ou transport de créances, est taxée comme obligation (1 pour 100).

La rétrocession est la remise des choses dans l'ancien état par une *nouvelle cession*. Les règles de la cession sont donc applicables à cette espèce.

La rente viagère est taxée à 2 fr. p. 100.

Le louage est taxé à 20 centimes p. 100 du prix cumulé de toutes les années, conformément à la loi du 16 juin 1824.

Libérations (50 centimes p. 100).

Les libérations sont taxées à la moitié du droit d'obligations, c'est-à-dire à 50 centimes p. 100.

La subrogation, non prévue par la loi d'une manière spéciale, mais pouvant recevoir son application, soit comme cession de créance, soit comme extinction d'obligation, a été envisagée par la régie tantôt sous un point de vue, tantôt sous un autre.

La subrogation légale a été traitée comme les libérations (50 centimes p. 100), parce que celui qui est subrogé a bien moins en vue la cession d'une obligation que la conservation d'un intérêt qui pourrait être compromis.

La subrogation conventionnelle est traitée comme cession. A cet égard, il faut distinguer deux cas prévus par l'art. 1250 du Code civil (V. *Droit administratif* p. 124).

Acquisitions à titre onéreux et à titre gratuit.

La vente des immeubles est frappée d'un droit de 5 et 1/2 p. 100, toujours sans préjudice du 10ᵉ. Ce droit se compose du droit de 4 p. 100 fixé par la loi de l'an VII, du droit de 1 p. 100 de transcription converti par la loi du 28 avril 1816 en droit d'enregistrement, et de 1/2 p. 100 ajouté par cette dernière loi. Le droit de transcription fut converti en droit d'enregistrement, parce que la transcription à cette époque n'étant pas exigée par la mutation de propriété à l'égard des tiers, on s'abstenait souvent de faire transcrire.

Le réméré exercé par le vendeur n'engendre pas un nouveau droit s'il a lieu dans le délai déterminé.

Le partage pur et simple n'engendre qu'un droit fixe, parce qu'il est déclaratif, mais si des soultes étaient stipulées, elles engendreraient des droits proportionnels.

La vente d'objets mobiliers n'est tarifée qu'à

2 p. 100. C'est un droit d'acte, tandis que celui qui frappe la vente des immeubles est un droit de mutation.

Louage (v. p. 450).

Emphytéose (v. 45!.)

L'échange des immeubles est traité plus favorablement que la vente. La loi l'a tarifé à 2 1/2 pour 100.

Le contrat de mariage a été l'objet de dispositions favorables. Il n'est assujetti qu'à un droit fixe de 5 francs, s'il ne contient pas de donations mais seulement des apports.

Les donations elles-mêmes sont traitées beaucoup plus favorablement que les donations ordinaires (v. p. 456).

La Société est également l'objet d'une faveur particulière (5 francs fixes). Les apports des associés ne donnent pas lieu à un droit spécial.

Les billets à ordre ne sont assujettis aux droits qu'autant qu'ils sont protestés, et les lettres de change ne sont pas même frappées au moment du protêt mais seulement avec l'assignation.

Les billets à ordre et les lettres de change sont favorisés encore sous le rapport du tarif. Les premiers sont taxés à 50 cent. p. 100 et les secondes à 25 cent p. 100, tandis que le droit ordinaire d'obligation est de 1 p, 100.

Les dons manuels ont été soumis aux droits des donations par la loi du 15 mai 1850.

Les donations ordinaires se distinguent par l'élévation de leur tarif (p. 475).

Successions (p. 479).

Les jugements donnent lieu tantôt à des droits fixes, tantôt à des droits proportionnels.

LIQUIDATION.

La liquidation est la détermination des valeurs sur lesquelles sont perçus les droits d'enregistrement.

Ainsi pour les ventes on perçoit le droit sur le prix.

Pour les mutations d'immeubles à titre gratuit, la base de la perception est l'évaluation obtenue par la multiplication du revenu par 20.

Pour l'usufruit à titre onéreux, on opère sur le prix.

Pour l'usufruit à titre gratuit, on opère sur la somme qu'on trouve en multipliant le revenu par 10.

Pour les libérations, le droit est perçu sur les sommes dont le débiteur est libéré. etc., etc.

Expertise.

Art. 17, 18 et 19 (les lire). Il résulte de ces actes que la régie peut provoquer une expertise quand il s'agit d'actes translatifs d'immeubles en propriété ou en usufruit, quand le prix lui semble inférieur à la valeur vénale ou, s'il s'agit de transmissions à titre gratuit, lorsque l'insuffisance dans l'évaluation ne peut être établie par des actes qui fassent connaître la véritable valeur

Elle n'a pas lieu pour les meubles à cause des variations que subit leur valeur.

DES DÉLAIS POUR L'ENRÉGISTREMENT DES ACTES ET DÉCLARATIONS.

Actes authentiques.

Les délais pour l'enregistrement des actes publics sont de quatre jours pour ceux des huissiers et autres ayant pouvoir de faire des exploits et procès-verbaux ; de dix jours pour les actes des notaires qui résident dans la commune où le bureau d'enregistrement est établi ; de quinze jours pour ceux des notaires qui n'y résident pas ; de vingt jours pour les actes judiciaires soumis à l'enregistrement sur les minutes et pour ceux dont il ne reste pas de minute au greffe ou qui se délivrent en brevet ; de vingt jours aussi pour les actes des administrations centrales et municipales assujettis à la formalité de l'enregistrement.

Actes sous seing privé.

Ceux de ces actes qui portent transmission de propriété ou d'usufruit de biens immeubles, et les baux à ferme ou à loyer de biens de même nature, doivent être enregistrés dans les trois mois de leur date.

Déclaration en cas de décès.

Cette déclaration doit être faite par les héritiers dans les six mois à compter du décès.

Des peines en cas de contravention.

Les articles 33 et suivants de la loi de l'an VII prononcent diverses peines pécuniaires.

On remarquera l'article 40 qui prononce la nullité des contre-lettres non enregistrées. Cette disposition est abrogée, du moins en partie. L'article 1321 du Code civil reconnaît leur validité entre les parties et contre elles, mais il maintient la nullité à l'égard des tiers.

Cependant la nullité, même entre les parties,

continue de frapper, suivant la jurisprudence, les contre-lettres relatives aux cessions des offices ministériels. C'est que dans pareils cas, les contre-lettres aggravent les charges du cessionnaire et, en compromettant sa position, compromettent l'intérêt des personnes qui sont obligées d'avoir recours à son ministère.

On sait que les conditions du traité entre un titulaire et le successeur qu'il présente, doivent être soumises au ministre de la justice qui peut exiger une réduction u prix et des charges de la cession. La contre-lettre aurait pour but de dissimuler le prix réel.

Prescriptions.

On peut prescrire les droits d'enregistrement. La loi distingue cinq espèces de prescriptions :

1° La prescription d'un an, qui est relative à l'expertise que peut requérir la régie lorsque le prix énoncé dans un acte translatif de propriété ou d'usufruit de biens immeubles parait inférieur à la valeur réelle, ou bien dans les mutations à titre gratuit, lorsque l'évaluation paraît frauduleuse et qu'il n'y a pas d'acte qui fasse connaître la véritable valeur des biens.

2° La prescription de deux ans, à partir de

l'enregistrement, quand il s'agit d'un droit non perçu sur une disposition particulière dans un acte, ou d'un supplément de perception insuffisamment faite, ou d'une fausse évaluation dans une déclaration et pour la constater par voie d'expertise. Les parties sont également non recevables, après le même délai, pour toute demande en restitution de droits perçus.

3° Prescription de cinq ans. Cette prescription est relative aux omissions de biens dans les déclarations après décès, et se compte à partir de l'enregistrement de la déclaration. Elle s'accomplissait par trois ans d'après la loi de l'an vii; ce délai a été porté à cinq ans par la loi du 15 mai 1850.

4° Prescription de dix ans. Elle s'applique aux successions non déclarées et court à partir du décès. La loi de l'an vii avait fixé à cinq ans le délai qui a été porté à dix ans par celle du 15 mai 1850.

5° Prescription de trente ans, pour les mutations qui n'ont pu être connues, à dater, pour les actes sous seing-privé du jour où ils auront acquis date certaine et pour les mutations sans titre, à partir de l'inscription au rôle de la contribution foncière.

TITRE XIV.

Établissements dangereux, incommodes et insalubres.

Textes à consulter : décret du 15 octobre 1810, ordonnance du 15 janvier 1815 et décret du 25 mars 1852.

Ces établissements sont divisés en trois classes :

1° Ceux qui doivent être éloignés des habitations ;

2° Ceux qui peuvent se former près des habitations, mais en se soumettant à certaines conditions dans l'intérêt de la salubrité et de la sécurité publique.

3° Ceux qui sont soumis simplement à la surveillance de la police.

Ceux de la première sont autorisés par le préfet, depuis le décret du 25 mars 1852, ainsi que ceux de la seconde classe.

Ceux de la troisième par les sous-préfets.

Le conseil de préfecture est compétent pour statuer, en ce qui concerne les établissements de la première et de la seconde classe, sur les réclamations des propriétaires voisins, tendant à faire rétracter l'autorisation donnée par le préfet.

Mais le conseil de préfecture ne peut pas être saisi d'une demande tendant à faire réformer l'arrêté du préfet qui refuse l'autorisation de former un établissement de la 1re ou de la 2e classe. Le recours est porté au conseil d'État suivant le décret de 1810, mais on peut dire que l'affaire pourrait être portée d'abord devant le ministre, supérieur du préfet dans l'ordre hiérarchique.

Lorsqu'il s'agit d'établissements de la 3e classe, le recours contre l'arrêté du sous-préfet, soit, en cas de refus, de la part du pétitionnaire, soit, en cas d'autorisation, de la part des propriétaires voisins, est porté devant le conseil de préfecture.

Le préfet peut révoquer les autorisations pour les établissements de 1re et 2e classe. Le recours des intéressés est porté au conseil d'État, ou si l'on veut, devant le ministre d'abord puis au conseil d'État.

S'il s'agit d'un établissement de 3e classe, l'arrêté du préfet qui en prononce la révocation peut être attaqué devant le conseil de préfecture.

TITRE XV

Expropriation pour cause d'utilité publique.

Notions historiques. (V. 504.)

La loi en vigueur est celle du 3 mai 1841, modifiée par les sénatus-consultes des 25 déce . - bre 1852 et 3 mai 1856.

L'expropriation comprend trois périodes : 1º période administrative, 2º période judiciaire, 3º période du jury.

La période administrative comprend les formalités qui doivent précéder l'expropriation, c'est-à-dire l'enquête de *commodo* et *incommodo*, le

décret impérial qui ordonne les travaux, l'exécution du plan parcellaire, la commission d'arrondissement et l'arrêté du préfet qui détermine les
propriétés à exproprier.

Sous l'empire de la loi du 3 mai 1841, les travaux étaient divisés en deux classes. Ceux de
la première ne pouvaient être décrétés que par
une loi, les autres pouvaient être l'objet d'une
ordonnance du Roi. Les travaux de la 2° classe
comprenaient les routes départementales et les canaux, chemins de fer, routes royales qui n'avaient
pas plus de 20 kilomètres de longueur.

Depuis le décret du 25 mars 1852, l'Empereur
décrète tous les travaux. Toutefois, s'ils donnent
lieu à des subsides ou à des engagements de la
part de l'État, l'intervention du législateur est
encore nécessaire.

L'administration popose ensuite des indemnités
que les intéressés acceptent ou refusent.

En cas de refus, l'expropriation est prononcée
par le tribunal, ensuite le jury d'expropriation
est réuni pour fixer les indemnités.

Le tribunal n'a pas à apprécier l'utilité des
travaux, il doit examiner seulement si toutes les
formalités ont été remplies.

Le jugement n'est pas susceptible d'appel,

mais il peut être attaqué par voie de recours en cassation, pour incompétence, excès de pouvoir et vice de forme.

La chambre civile de la Cour de cassation est saisie directement.

L'art. 17 de la loi de 1841 dispose que les priviléges et hypothèques doivent être inscrits dans le délai de quinzaine, à partir de la transcription. (V. la controverse qui existe sur ce point, p. 516, n° 26.)

La troisième période est celle des opérations du jury.

Ce jury est composé de trente-six membres au moins, soixante-douze au plus, choisis chaque année par le conseil général sur la liste des électeurs de chaque arrondissement.

Le nombre des jurés, à Paris, est de six cents, et deux cents à Lyon.

Telle est la liste générale, mais le nombre des jurés chargés d'opérer dans chaque affaire, est plus restreint. Toutes les fois qu'il y a lieu de recourir au jury, la première chambre de la Cour impériale dans les départements qui sont le siége d'une cour, et dans les autres départements, la première chambre du tribunal du chef-lieu, choisit, en la chambre du conseil, sur la liste dressée par le conseil général, pour l'arrondissement dans lequel ont lieu les expropriations, seize jurés et en outre quatre jurés supplémentaires.

Quatre des seize jurés sont récusés, moitié par l'administration, moitié par les parties intéressées. En cas de refus, les derniers sur la liste seraient rayés.

Le jury est ainsi réduit à douze membres, mais il suffit que neuf membres soient présents au moment de la délibération.

Il opère sous la direction d'un juge du tribunal, qui a le titre de magistrat directeur du jury.

Mais ce magistrat, dont les lumières sont très-utiles dans la préparation des délibérations du jury, n'a pas le droit de délibérer ; il ne doit pas même assister aux délibérations.

Le jury est présidé par un de ses membres.

En cas de partage, la voix du président est prépondérante.

S'il se forme plusieurs partis, on prend une moyenne ou bien on réunit les voix en partant de l'opinion qui propose l'indemnité la plus élevée et en descendant jusqu'à ce qu'on trouve une majorité, je veux dire la majorité absolue.

Les indemnités sont individuelles ou collectives.

Le propriétaire et le locataire ont droit à des indemnités distinctes. Il y a controverse sur la question de savoir si le locataire peut invoquer un bail qui n'a pas date certaine. La jurisprudence adopte l'affirmative par la raison que la règle qui veut que les actes sans date certaine ne puissent pas être opposés aux tiers, ne peut pas s'appliquer à une matière exceptionnelle comme celle-ci.

Le propriétaire et l'usufruitier n'ont droit ensemble qu'à une indemnité. L'usufruit s'exercera sur l'indemnité qui remplacera l'immeuble exproprié.

En ce qui concerne les usagers, une distinction est à faire : les usagers dont les droits sont réglés par le Code civil sont indemnisés collectivement avec le propriétaire, car l'usage est une espèce d'usufruit restreint ; les usagers dans les bois sont indemnisés séparément.

Les droits des créanciers hypothécaires sont transportés sur l'indemnité. L'administration consigne la somme fixée par le jury, afin de n'avoir pas à s'occuper elle-même des contestations qui pourraient en résulter. Il est évident que les créanciers n'ont pas le droit de surenchère.

L'indemnité doit être préalable, en général, à la prise de possession.

Si les droits de l'indemnitaire sont contestés, par exemple si c'est un locataire porteur d'un bail sans date certaine, et que l'administration conteste, le jury fixe néanmoins l'indemnité qui est consignée.

Le jury la fixe pour le cas où le réclamant obtiendrait gain de cause, c'est ce qui fait que cette indemnité est dite hypothétique.

En principe, l'indemnité est préalable à la prise de possession; cependant, en cas d'urgence, l'indemnité n'est pas toujours préalable. On distingue s'il s'agit de propriétés bâties ou non bâties. S'il s'agit de propriétés non bâties, l'administration prend possession préalablement à l'indemnité, mais une somme déterminée comme suffisante pour garantir les droits du propriétaire, est consignée. S'il s'agit de propriétés bâties, l'indemnité doit être préalable à la possession, à cause des difficultés qu'on aurait pour fixer, après la démolition, la valeur de l'immeuble.

TITRES XIV ET XV.

Greffes, hypothèques et transcriptions.

Nous renvoyons, pour cette matière, au *Droit administratif*.

TITRE XVI

Imprimerie, librairie, colportage.

Imprimerie.

François 1er défendit de rien imprimer, sans permission, sous peine de mort.

La police de l'imprimerie fut réglée de nouveau par le décret de 1723.

La législation en vigueur aujourd'hui, se compose du décret du 5 février 1810, de la loi du 21 octobre et de l'ordonnance du 24 octobre 1814, et du décret du 22 mars 1852.

Le nombre des imprimeurs est limité. Ils doivent obtenir un brevet du gouvernement et prêter serment.

Ce brevet peut être retiré par décret de l'Empereur.

Les imprimeurs doivent déclarer les ouvrages qu'ils se proposent d'imprimer et ne peuvent les mettre en vente qu'après avoir déposé deux exemplaires au ministère de l'intérieur, à Paris, et dans les départements, à la préfecture.

Librairie.

La prefession de libraire ne peut être exercée, comme celle d'imprimeur, qu'après l'obtention d'un brevet.

L'auteur qui vend ses livres n'est pas libraire et n'a pas besoin de brevet.

Les brevets d'imprimeur et de libraire ne peuvent servir hors des localités pour lesquelles ils ont été accordés.

Colportage.

La loi qui régit cette matière est celle du 27 juillet 1849.

La vente par colportage est soumise aux conditions suivantes : 1° l'examen préalable des publications par une commission spéciale; 2° l'apposion d'une estampille sur les exemplaires approuvés; 3° une permission dont le colporteur est tenu de se munir et qui peut être révoquée. Cette permission est délivrée par le préfet pour l'étendue de son département seulement. L'estampille est valable au contraire pour tous les départements.

TITRE XVII.

Dessèchement des marais.

Cette matière a été l'objet d'abord de quelques édits des anciens rois de France et de la loi du 5 janvier 1791.

Elle a été réglée de nouveau par la loi du 16 septembre 1807.

Les desséchements sont opérés par le gouvernement ou par des tiers auxquels une concession est accordée. Le propriétaire lui-même qui serait admis à dessécher devrait réclamer une concession, car c'est par cet acte que le gouvernement impose les conditions qu'il croit nécessaires pour la prompte exécution des travaux.

L'indemnité à laquelle a droit le dessécheur est réglée par l'acte de concession. Mais si l'État dessèche lui-même, il se fait rembourser seulement ses dépenses. Le profit du concessionnaire porte sur la plus value de la propriété après le desséchement. Cette plus-value se détermine au moyen d'une estimation avant les travaux et d'une autre estimation après les travaux; la plus-value est déterminée par la différence de valeur.

Une commission spéciale composée de sept membres règle les difficultés qui peuvent s'élever.

L'indemnité peut, au choix des propriétaires, consister en une portion de plus-value en nature, ou bien en une somme représentative de cette plus-value, ou enfin en une rente de 4 p. 100 garantie par un privilége sur toute la plus-value et rachetable par fractions.

TITRE XVII.

Marchés.

Les marchés passés au nom de l'État sont faits, en général avec publicité et concurrence. Cependant il y a des cas où ils se font de gré à gré, par exemple si la dépense n'excède pas 10,000 fr. où si les choses à acquérir n'ont qu'un propriétaire.

Il y a deux sortes d'adjudication : 1° l'adjudication aux enchères, où les offres vont en s'élevant ; 2° l'adjudication au rabais par soumissions cachetées, où l'adjudicataire est celui qui consent à se charger de l'opération au plus bas prix. Le premier mode est employé pour les ventes faites par l'État ou les administrations ; le second pour les fournitures qui leur sont faites ou pour les travaux à exécuter.

TITRE XVIII.

Marques de Fabrique.

La loi qui régit cette matière est celle du 3 juillet 1857. Avant cette époque, la marqe était facultative. Certains industriels réclamaient la marque obligatoire. La loi nouvelle a pris un milieu ; elle a décidé qu'elle serait obligatoire pour certaines industries et facultative pour d'autres.

Les contestations sont de la compétence civile ou correctionnelle.

Dessins et enseignes.

Les fabricants ont la propriété de leurs dessins de fabrique et même des enseignes de leurs établissements.

TITRE XIX

L'ancienne législation s'était signalée par de grands abus.

La loi de 1791 avait donné au propriétaire d'un fonds, dans lequel était une mine, le droit de l'exploiter. C'était le vice radical de cette loi.

La législation actuelle se compose de la loi du 21 avril 1810 et de celle du 27 avril 1838.

La loi de 1810 reconnaît deux propriétés distinctes, celle du dessus et celle du dessous, toutes les fois qu'une mine est découverte dans un fonds. La première, régie par le droit commun, et la seconde acquise par *concession*, sans préférence, pour le propriétaire. Les mines ne sont pas aujourd'hui, comme avant la Révolution, des propriétés domaniales, mais des propriétés privées dont le titre est dans l'acte de concession. Le droit du concessionnaire est perpétuel, disponible et transmissible, comme les autres biens. C'est un droit immobilier susceptible d'hypothèque. Les ustensiles et les chevaux servant à l'exploitation sont immeubles par destination. Sont considérés comme chevaux servant à l'exploitation, seulement ceux qui sont attachés aux travaux intérieurs de la mine. Mais les matières extraites sont meubles, à mesure qu'elles sont détachées du sol dont elles font partie.

Quiconque veut rechercher une mine dans un fonds qui ne lui appartient pas, doit obtenir l'autorisation du propriétaire et, au besoin, du gouvernement, moyennant indemnité.

Mais le gouvernement ne peut autoriser des recherches dans les enclos murés, cours et jardins, ni sur les terrains attenant aux habitations, à moins de cent mètres de distance.

Les concessions sont faites à des particuliers ou à des compagnies par décrets rendus dans la forme des réglements d'administration publique, c'est-à-dire, sur l'avis de l'assemblée générale du conseil d'État.

Il n'y a pas aujourd'hui de *droit* de préférence; cependant, certaines considérations peuvent porter le gouvernement à accorder la concession à certaines personnes plutôt qu'à d'autres. Ainsi le propriétaire du fonds, ou l'inventeur, qui offrirait les mêmes garanties de bonne exploitation serait, en fait, préféré à d'autres concurrents.

L'acte de concession crée certaines obligations pour le concessionnaire.

Les mines sont soumises à la loi commune de l'impôt.

Elles sont grevées de deux sortes de contributions ; l'une est de dix francs par kilomètre carré d'exploitation, l'autre proportionnelle aux produits nets et dont le maximum est de cinq pour cent.

Ces demandes peuvent donner lieu à des demandes en décharge ou en réduction, en remise ou en modération.

Le propriétaire de la surface a droit à une indemnité réglée par l'acte de concession, pour le dessous de son fonds, considéré comme dessous ordinaire et non comme mine. Cette indemnité est modique, on peut dire même dérisoire. Elle peut consister dans une redevance périodique ou dans une somme payée une fois pour toutes.

Une autre indemnité plus importante, à laquelle pourrait avoir droit le propriétaire du dessus, est celle qui résulterait de dommages causés à sa propriété.

A cet égard, il faut faire la distinction suivante :

Si des travaux entrepris par des explorateurs ou des concessionnaires ne sont que passagers et que le sol puisse être remis en culture au bout d'un an, l'indemnité est égale au double du produit net qu'aurait donné le terrain s'il était resté dans son ancien état.

Si le propriétaire est privé du revenu de son fonds au delà d'un an, ou si les terrains sont en tel état qu'ils ne puissent être remis en culture, il peut forcer le concessionnaire à les acquérir. L'évaluation se fait à dires d'experts, et le prix doit être porté au double de la valeur. Les difficultés qui peuvent s'élever, sont jugées par le conseil de préfecture.

Certaines obligations sont imposées aux concessionnaires; s'ils négligeaient de les remplir, le retrait de la concession pourrait être prononcé par le ministre des travaux publics, sauf recours au conseil d'Etat.

Le préfet, en cas d'urgence, par exemple si la sécurité des ouvriers était menacée, pourrait suspendre les travaux.

En cas de retrait, la nouvelle concession est mise aux enchères, et le prix en appartient aux anciens propriétaires, à leurs créanciers ou ayants-cause.

Les inondations sont pour les mines un fléau redoutable. La loi de 1810 n'avait pas prévu ce danger. Un décret de 1813 avait autorisé l'administration à faire exécuter les travaux nécessaires pour les combattre, mais il avait gardé le silence sur les moyens de faire rembourser les dépenses.

La loi de 1838 a réglé avec détail un système d'association entre les propriétaires de mines menacées et réglé les moyens de couvrir les dépenses. Cette association et la contribution aux frais sont obligatoires. Le ministre, après enquête, détermine les concessions qui doivent opérer les travaux à frais communs.

La loi de 1810 règle non-seulement l'exploitation des mines, mais encore celle des minières, des carrières et des tourbières.

Les minières comprennent les minerais de fer, les pierres pyriteuses propres à être converties en sulfate de fer, les terres alumineuses et les tourbes.

Elles ne sont pas soumises aux règles établies pour les mines. Elles occupent ordinairement la surface du sol. L'exploitation ne présente pas de danger sérieux. Elles sont exploitées sans concession ; une permission suffit.

Si les propriétaires n'exploitaient pas le minerai qui se trouve dans leurs fonds, les propriétaires de forges, qui en auraient besoin, seraient autorisés par le préfet à exploiter eux-mêmes, moyennant une indemnité réglée par experts.

En cas de concurrence entre plusieurs maîtres de forges, le préfet règle les proportions suivant lesquelles chacun aura le droit d'exploiter ou de profiter de l'exploitation du propriétaire. Le recours au conseil d'Etat est de droit.

Si l'exploitation du minerai dégénérait en exploitation de mines, par l'établissement de galeries souterraines, les règles que nous venons d'exposer feraient place à celles qui concernent l'exploitation des mines.

Les carrières sont exploitées à ciel ouvert ou par galeries souterraines. Dans le premier cas, elles peuvent être exploitées sans permission. Dans le second, elles sont soumises à la surveillance de la police, dans l'intérêt de la sûreté publique.

Celui qui veut exploiter une tourbière doit faire une déclaration à la préfecture.

Explication de l'art. 1403 du Code civil.

Cet article est ainsi conçu : « Les coupes de bois et les produits des carrières et mines tombent dans la communauté pour tout ce qui en est considéré comme usufruit, d'après les règles expliquées au titre de l'usufruit, de l'usage et de l'habitation.

» Si les coupes de bois qui, en suivant ces règles, pouvaient être faites durant la communauté, ne l'ont pas été, il en sera dû récompense à l'époux non propriétaire du fonds ou à ses héritiers.

» Si les carrières et mines ont été ouvertes pendant le mariage, les produits n'en tombent dans la communauté que sauf récompense ou indemnité à celui des époux à qui elle pourra être due. »

L'explication de cet article appartient au droit administratif autant qu'au droit civil.

Mettons de côté ce qui regarde les forêts et les carrières qui restent soumises à la règle de notre article, mettons également de côté les minières réglées par la loi du 21 avril 1810.

Quant à la question des mines, la règle a cessé d'être ce qu'elle était sous l'empire du Code. C'est la conséquence du principe établi par la loi de 1810 sur la propriété des mines.

En effet, l'art. 1403 a été rédigé sous l'empire des principes de la loi de 1791 et de l'art. 552 du Code civil, qui décident que la propriété du sol emporte la propriété du dessus et du dessous. Il était dès lors tout naturel que la loi pût supposer le cas où le propriétaire du dessus conserverait l'exploitation du dessous, comme il en avait le droit, et qu'elle lui en attribuât les profits, du moins lorsque la mine était ouverte durant la communauté. Les produits des mines, en effet, représentent le fractionnement de l'immeuble par l'exploitation.

Au contraire, si la mine était ouverte avant le mariage, les revenus en provenant tombaient dans la communauté. Cette distinction de la loi repose sur l'intention présumée des parties. L'époux qui trouve en se mariant un ménage alimenté, peut-être avec les produits d'une mine, a compté sans doute sur cette ressource.

L'article 1403 a été implicitement et profondément modifié par la loi de 1810 qui reconnaît deux propriétés distinctes, celle du *dessus* et celle du *dessous*. Le propriétaire du dessus n'est pas propriétaire du dessous quand le dessous est une mine. Le dessous, c'est-à-dire la mine, devient la propriété du concessionnaire. Supposons que le fonds qui renferme la mine appartienne à un époux marié sous le régime de communauté et que la mine soit découverte durant cette communauté, le gouvernement accordera la concession à un tiers, à une compagnie ordinairement, ou bien à l'époux propriétaire de la surface.

Dans le premier cas, les produits appartiendront au concessionnaire évidemment ; dans le second cas, la communauté profitera non-seulement des produits, *mais encore de la propriété de la mine*. En effet, la concession étant une manière d'acquérir à titre onéreux, la mine appartiendra à la communauté, conformément à l'article 1401 du Code civil. Je dis que la concession est une manière d'acquérir à titre onéreux ; c'est si vrai que l'État impose au concessionnaire des obligations dans l'accomplissement desquelles il peut trouver sa ruine.

Ainsi, quand il s'agit d'une mine découverte pendant le mariage, non-seulement l'époux propriétaire du fonds qui la renferme, s'il est concessionnaire, n'a pas droit aux produits par voie de récompense, mais encore il ne peut élever aucune prétention sur la mine elle-même qui appartient à la communauté comme toute acquisition à titre onéreux.

Si la mine était découverte avant le mariage et que la concession fût faite à l'époux propriétaire du fonds, il y aurait lieu d'appliquer le § 1er de l'article 1403.

Ce cas ne pouvait pas ressentir l'influence du principe proclamé par la loi de 1810.

Nous avons encore à examiner la question des indemnités payées au propriétaire par le concessionnaire.

S'il s'agit d'une expropriation de la surface exigée par l'exploitation, l'indemnité représentant l'immeuble appartiendra à l'époux propriétaire.

S'il s'agit d'une indemnité à raison de dommages affectant la jouissance et non la propriété, elle appartiendra à la communauté.

Ces deux points sont sans difficultés.

Mais que décider pour la redevance ou la somme que le concessionnaire doit au propriétaire du dessus, à cause de la perte du dessous.

Devra-t-on l'attribuer à la communauté? Je ne le crois pas.

Cette redevance, ou cette somme, très-modique du reste, représente la propriété du dessous perdue par la concession au même titre que s'il s'agissait de l'expropriation ou de la vente du dessus.

TITRE XX

Monopoles publics.

RÉSUMÉ ET SUPPLÉMENT.

Ces monopoles concernent le tabac, les cartes à jouer, la garantie de certains objets de luxe, les monnaies, le salpêtre, les poudres à feu.

La prohibition du tabac est une mesure fiscale. C'est du reste un des meilleurs impôts que nous ayons; il est très-productif; il rend plus de 183 millions, et n'est pas assurément un objet de première nécessité.

Le tabac ne peut être cultivé que dans certains départements. Les permissions données aux particuliers sont individuelles.

L'administration surveille la culture ; les produits sont vendus par les propriétaires à l'État, aux prix fixés par le ministre des finances.

L'impôt sur les cartes est encore un de ceux qui ne peuvent provoquer aucune plainte. Aboli en 1791, comme l'impôt sur le tabac, sous prétexte de liberté de l'industrie, il fut rétabli en l'an IV.

Les fabricants sont obligés de se munir d'une licence qui coûte 50 francs par an (V. p. 573).

TITRE XXI.

Naturalisation.

La loi qui régit cette matière est celle du 11 septembre 1849.

On distingue trois naturalisations, l'ordinaire, l'extraordinaire, la grande.

L'étranger qui veut obtenir la naturalisation ordinaire doit : 1° être âgé de vingt et un ans accomplis ; 2° obtenir du gouvernement l'autorisation de s'établir en France ; 3° avoir dix ans de résidence à partir du jour où il a obtenu cette autorisation.

Ces conditions étant remplies, une enquête est faite sur la moralité du réclamant, et l'Empereur statue sur la demande après avoir pris l'avis du conseil d'État.

La naturalisation extraordinaire peut s'obtenir après un séjour d'un an. Elle est accordée aux personnes qui ont rendu des services à l'État, ou qui ont organisé en France des établissements considérables, ou qui se sont distinguées dans les sciences ou dans les arts, etc.

Ces deux sortes de naturalisation n'assimilent pas complètement l'étranger au français; elles ne lui donnent pas le droit de faire partie des grands corps de l'État. Cette aptitude ne peut résulter que de la grande naturalisation qui est conférée par une loi.

TITRE XXII

Octrois.

RÉSUMÉ.

Le droit d'octroi est une espèce d'impôt indirect au profit des villes.

Les octrois sont établis par décrets de l'Empereur sur la demande des conseils municipaux.

La loi du 28 avril 1816 reconnaît quatre modes d'administration des octrois : 1° la régie simple ; 2° la régie intéressée ; 3° le bail à ferme ; 4° l'abonnement. (V. p. 579.)

L'octroi de la ville de Paris produit 50 millions.

Les tarifs des octrois sont établis par délibérations des conseils municipaux approuvées par le gouvernement.

Devant quelles autorités sont portées les difficultés qui peuvent s'élever en matière d'octroi?

Tantôt devant l'autorité judiciaire, tantôt devant l'autorité administrative.

Compétence du tribunal de police correctionnelle.

1° Le tribunal de police correctionnelle est compétent pour juger les contraventions. Les procès-verbaux sont dressés par les préposés et doivent être affirmés devant le juge de paix dans les vingt-quatre heures, à peine de nullité.

Le maire exerçant la *juridiction gracieuse*, en cette matière, peut, avec l'approbation du préfet, remettre ou modérer les condamnations prononcées, et ordonner la cessation des poursuites, avant le jugement.

L'action publique, dans l'espèce, n'est pas exercée par le ministère public, mais par l'administration de l'octroi (art. 83 et 86 de l'ordonnance de 1814).

Compétence du juge de paix.

Le juge de paix connaît des difficultés qui peuvent s'élever sur l'application du tarif aux

objets introduits, et sur la quotité des droit ré-
clamés par les employés.

Compétence administrative.

Le préfet, en conseil de préfecture, dans le cas du bail à ferme, connaît des contestations qui peuvent s'élever, entre la commune et le fermier, sur le sens des clauses du bail. Les autres contestations entre la commune et le fermier, par exemple la réclamation des fermages par la commune, sont de la compétence des tribunaux judiciaires.

Le préfet, en conseil de préfecture, est également compétent quand il s'agit de perception des droits d'octroi par régie intéressée.

TITRE XXIII.

Presse périodique.

RÉSUMÉ.

Le décret organique est celui dn 17 février 1852.

Un journal, traitant de matières politiques ou d'économie sociale, ne peut être créé sans l'autorisation du gouvernement.

Un cautionnement versé au trésor garantit le paiement des condamnations prononcées contre les gérants et les rédacteurs.

Les journaux sont soumis à l'impôt du timbre. Cette mesure n'atteint pas les journaux littéraires pourvu qu'ils ne donnent pas des annonces.

Les journaux peuvent dans certains cas être suspendus et même supprimés.

TITRE XXIV.

Prises maritimes.

Une prise maritime est l'arrestation en mer, par une puissance belligérante, d'un navire de guerre ou de commerce.

La course est maintenant abolie. La France et l'Angleterre n'ont pas délivré de *lettres de marque* pendant la guerre contre la Russie.

Un conseil des prises, qui a cessé d'exister avec les causes qui l'avaient fait naître, jugeait en premier ressort les prises faites sur l'ennemi. Le Conseil d'État statuait sur l'appel.

TITRE XXV

Propriété littéraire et artistique.

RÉSUMÉ.

Sous l'ancienne monarchie, les droits des auteurs n'étaient pas reconnus. Le roi leur délivrait bien des *priviléges*, mais ce mot indique assez à quel arbitraire les auteurs étaient exposés.

En 1789, on abolit tous les *priviléges*, de sorte que la protection très-insuffisante, qu'avaient obtenue jusque-là les droits des auteurs, cessa complètement.

Mais on s'aperçut bientôt qu'il y avait dans nos lois une lacune regrettable, et la Convention règlementa la propriété littéraire par loi du 19 juillet 1793, dont les dispositions fondamentales sont encore en vigueur.

Les modifications qu'elle a subies sont venues de la loi du 10 germinal an XIII, du décret du 5 février 1810, de la loi du 3 août 1844, et de celle du 8 avril 1854.

Le droit des auteurs comprend les œuvres dramatiques, les livres et écrits en tout genre, la peinture, les desseins, la gravure, l'architecture, etc.

Le droit des auteurs existe leur vie durant, et se prolonge, après leur mort, au profit de la *veuve* (la loi aurait mieux fait de dire au profit du conjoint), sa vie durant également, lorsque son contrat de mariage lui en donne le droit et que le mari n'a pas disposé de la propriété de ses œuvres pour l'avenir.

Les descendants ont trente ans de jouissance à partir de la mort du conjoint où, à défaut de conjoint, à partir de la mort de l'auteur.

Lorsque l'acheteur laisse plusieurs enfants, les droits des prédécédés sont conservés par les survivants et passent aux héritiers.

Livres d'église ; opinions diverses. (v. p. 594).

La loi du 21 octobre exige que le dépôt de deux

exemplaires de l'ouvrage soit fait au ministère de l'intérieur, pour les ouvrages imprimés à Paris, et à la préfecture pour les ouvrages imprimés dans les départements.

L'auteur peut céder ses droits sur l'ouvrage entier ou sur une ou plusieurs éditions, ou pour un certain temps, enfin l'exploiter lui-même. Il peut non-seulement aliéner ses droits, mais encore ceux de son conjoint et de ses héritiers.

Le droit de propriété littéraire appartient en France aux étrangers, aussi bien qu'aux Français (décret du 28 mars 1852). Un grand nombre de traités internationaux ont garanti les droits des auteurs contre la contrefaçon en pays étrangers.

TITRE XXVI

Théâtres.

RÉSUMÉ.

Les théâtres ne peuvent s'établir qu'avec l'autorisation de l'Empereur, à Paris, et des préfets dans les départements pour les troupes sédentaires. Les troupes ambulantes doivent obtenir l'autorisation du ministre d'Etat.

Les autorisations sont révocables et peuvent donner lieu à un recours au contentieux.

La censure, abolie par décret du 6 mars 1848, a été rétablie par la loi du 30 juillet 1850.

Le gouvernement a l'administration de l'O-
péra.

Le Théâtre-Français, l'Opéra-Comique, le
Théâtre-Italien et l'Odéon sont subventionnés.

Un prélèvement sur les bénéfices est exercé
au profit des pauvres. C'est un dixième en sus du
prix des billets pour les théâtres, et un quart de
la recette brute pour les bals, concerts et autres
divertissements publics.

TITRE XXVII

Timbre.

L'impôt du timbre appartient à la classe des impôts indirects.

On distingue le droit de timbre de dimension et de timbre proportionnel.

Le premier varie suivant la dimension du papier, le second est celui qui est établi sur les papiers dont on fait usage pour les effets de commerce, les actions dans les sociétés, etc.

L'usage du papier timbré, pour les actes, est prescrit à peine d'amendes très-élevées et même de déchéances dans certains cas.

Le timbre proportionnel pour les lettres de change, billets, etc., varie suivant la somme énoncée.

On nomme *timbre extraordinaire* celui qui est appliqué par les employés sur des papiers présentés dans ce but par des personnes qui ont employé des papiers libres.

Le *visa pour timbre* est une mention faite sur un acte par un employé de l'administration et qui est destinée à remplacer le timbre.

Les journaux, affiches et annonces sont timbrés à l'extraordinaire.

TITRE XXVIII.

Travaux publics.

RÉSUMÉ.

Les principaux textes à consulter sont les lois
des 28 pluviôse an VIII, 16 septembre 1807,
3 mai 1841, les sénatus-consultes des 25 décembre 1852 et 3 mai 1856.

Les travaux publics peuvent donner lieu à
l'expropriation ou seulement à une indemnité
pour dommages causés.

La loi en vigueur, maintenant, comme nous
l'avons vu, est pour l'expropriation celle du

3 mai 1841, modifiée par les sénatus-consultes des 25 décembre 1852 et 3 mai 1856.

Lorsque les travaux ne donnent pas lieu à l'expropriation, l'indemnité est réglée par les conseils de préfecture conformément aux lois des 28 pluviôse an VIII et 16 septembre 1807. On sait qu'avant 1810, les conseils de préfecture, d'après ces mêmes lois, étaient compétents pour régler les indemnités en cas d'expropriation pour cause d'utilité publique.

Les travaux publics sont ceux qui intéressent l'État, les départements ou les communes.

Suivant l'art. 4 de la loi du 28 pluviôse an VIII, le conseil de préfecture est compétent pour statuer, 1° sur les difficultés qui s'élèvent entre les entrepreneurs de travaux publics et l'administration, concernant le sens et l'exécution des clauses de leur marché; 2° sur les réclamations des particuliers relatives aux torts et dommages procédant du fait personnel des entrepreneurs et *non du fait de l'administration* (ces expressions ne doivent pas être prises à la lettre, le conseil de préfecture est compétent même dans le cas où le dommage procède du fait de l'administration, car la loi est ici en contradiction avec elle-même); 3° sur les demandes et contestations concernant les indemnités dues aux particuliers à raison du terrain fouillé pour la confection des chemins, canaux et autres ouvrages.

Le dommage est *temporaire* ou *permanent :* temporaire, lorsque les choses, après les travaux, peuvent être remises dans leur ancien état, par exemple dans le cas où l'on dépose des matériaux sur un fonds riverain d'une route en construction, ou lorsqu'on fouille une propriété pour extraire des matériaux et que cette propriété est susceptible d'être remise en culture. Le dommage est permanent lorsque les choses ne sont pas remises dans leur ancien état, par exemple si des maisons sont enfouies par suite du nivellement opéré sur la voie publique.

On a soutenu que le propriétaire, dans le dernier cas, pouvait exiger l'expropriation. C'était l'opinion de la Cour de cassation qui disait qu'une atteinte grave étant portée à la jouissance, et que la jouissance étant un attribut de la propriété, le propriétaire se trouvait dans le cas de la loi du 3 mai 1841. Mais cette cour a abandonné son ancienne jurisprudence, en 1852, pour adopter celle du conseil d'État qui soutient que le dommage causé, quelque grave qu'il soit, n'opère pas la *cession,* le *déplacement* de la propriété, et que

par conséquent on ne se trouve pas dans le cas
d'expropriation pour cause d'utilité publique.

On connaît la servitude d'intérêt public établie sur les propriétés riveraines pour l'entretien
de la construction des voies publiques. Les propriétés dans lesquelles on veut pratiquer des
ouilles et puiser des matériaux sont désignées par
le préfet. Le prix des matériaux est fixé sans
égard au renchérissement résultant de l'exécution
des travaux.

Lorsqu'il s'agit de carrières à exploiter, il n'y
a lieu de faire entrer dans l'estimation la valeur
des matériaux qu'autant qu'on puiserait dans une
carrière déjà ouverte. On élude la loi en faisant
quelques travaux tendant à représenter une carrière en exploitation dès qu'on soupçonne qu'on est
exposé à des fouilles de la part de l'administration.
Il faut ajouter que le Conseil d'État n'est pas ri-
goureux sur ce point, tant la loi est inique.

TITRE XXIX.

Voirie.

RÉSUMÉ.

La voirie est l'ensemble des voies publiques.
Elle se divise en grande et petite voirie.

La grande voirie comprend les routes nationales et départementales, les chemins de fer et canaux navigables et flottables, etc.

L'alignement est la ligne qui sépare la voie publique de la propriété privée.

L'alignement est donné par les préfets, pour la grande voirie et les chemins vicinaux de grande communication, et par les maires, pour les chemins vicinaux de petite communication.

Les délits de grande voirie sont de la compétence des conseils de préfecture lorsqu'ils ont pour conséquence des amendes, ce qui est le plus ordinaire; s'ils donnaient lieu à l'emprisonnement, le tribunal de police correctionnelle serait compétent.

Les propriétaires riverains ne peuvent élaguer ou abattre les arbres plantés sur leurs terrains et qui bordent les routes, sans l'autorisation du préfet.

La petite voirie comprend les chemins vicinaux de grande et de petite communication, les rues, quais, places des villes et villages, à l'exception des rues de Paris, qui font toutes partie de la grande voirie.

Les chemins vicinaux sont régis par la loi du 21 mai 1836, qui les a déclarés imprescriptibles.

Le conseil général déclare la grande vicinalité, c'est-à-dire qu'il reconnaît les chemins vicinaux et les range dans la classe des chemins vicinaux de grande communication.

Les chemins vicinaux de petite communication sont reconnus par le préfet.

Il importe de distinguer l'arrêté du préfet qui

reconnaît de l'arrêté qui établit un chemin vicinal. Dans le premier cas, l'arrêté emporte l'expropriation, et l'indemnité est fixée à l'amiable,
sinon par le juge de paix, après expertise. Dans le
second cas, l'expropriation doit être prononcée
par le tribunal, et l'indemnité est réglée, s'il n'y
a cession à l'amiable, par un jury spécial composé de deux jurés et d'un juge du tribunal ou
du juge de paix délégué. Ce magistrat directeur a
voix délibérative, tandis qu'il n'en est pas de
même quand il s'agit de jury organisé en vertu de
la loi du 3 mai 1841.

Les chemins vicinaux sout entrenus aux frais
des communes. Le conseil général détermine
celles qui doivent coutribuer à l'entretien des
chemins vicinaux de grande communication et
fixe les proportions de la contribution.

Les chemins vicinaux sont entretenus au moyen
de centimes spéciaux, de prestations en nature,
de subventions accordées par le conseil général, etc.

Les prestations en nature sont plutôt des prestations en argent, car la libération en nature
n'est pas obligatoire, et le débiteur est même
présumé, s'il ne fait sa déclaration dans le délai
déterminé, avoir préféré la libération en argent.

Cet impôt consiste en trois journées de travail ou dans le prix de trois journées de travail, dont le taux fixé par le conseil général varie entre 50 c. et 1 fr. 50 c.

Les trois journées de travail ou le prix sont fournis par le chef de famille, pour lui et pour chaque individu mâle, valide, âgé de 18 ans au moins et de 60 ans au plus, membre ou serviteur de la famille résidant dans la commune, et pour chacune des charrettes, voitures, bêtes de somme, de trait, de selle, que le chef de famille possède dans la commune.

FIN.

TABLE DU QUESTIONNAIRE.

PREMIÈRE PARTIE.

AUTORITÉS ADMINISTRATIVES.

DEUXIÈME PARTIE.

MATIÈRES ADMINISTRATIVES.

TABLE DU RÉSUMÉ.

Imprimerie de Munzel, à Sceaux.